▶ Vorwort

Sieben ausgewählte lokale Scouts verraten ihre liebsten Orte auf Rügen und Hiddensee. Sie kennen die Inseln ganz genau und ganz anders. Unsere Scouts nehmen dich mit an energetische Plätze, spazieren mit dir durch die berauschende Natur, erzählen von den alten Sagen und Mythen und empfehlen ihre kulinarischen Geheimtipps. Sie begeben sich auf Spurensuche, sprechen mit den Menschen auf den Inseln und kennen alle Zutaten für einen perfekten Familienurlaub. Erlebnisse und Entdeckungen für Kinder beschreiben unsere JuniorScouts, Kinder berichten für Kinder.
Ein Reiseführer, der mit den Menschen auf den Inseln entsteht. Unseren lokalen Scouts gebührt ein ganz herzlicher Dank, ohne sie gäbe es diesen Reiseführer nicht. Sie ermöglichen Besuchern besondere Blicke auf Orte, Menschen und Geschichten der Inseln Rügen und Hidden

Deine Scouts für Rügen und Hiddensee

Gaia Born — Historikerin und Journalistin

Zwischenmenschlich gesehen — welche Sprache sprechen die Rüganer?

»Eine sehr Ursprüngliche. Das kommt dem serviceverwöhnten Touristen und auch uns Neu-Rügenern manchmal seltsam, fast schon rüde vor, ist aber nichts weiter als Gradlinigkeit und der Unwille, sich allzu sehr zu verbiegen. Eigentlich doch eine sehr schöne Sprache, oder?«

Nadine Förster — Referentin für Wirtschaft & Handel

Was bedeutet die Insel Rügen für dich?

»Dadurch, dass ich auf der Insel aufgewachsen bin, meine Familie schon seit 700 Jahren auf Mönchgut lebt, habe ich immer einen Fuß auf der Insel gehabt. Die Insel bedeutet für mich: Familie. Heimat. Wurzeln.«

Linda Holfeld — Autorin

Was fasziniert besonders deine Kinder an der Insel Rügen?

»Die Kinder lieben die Natur, die Strände, die Wiesen, die Wälder, das Meer, die Weite. Hier haben sie Raum und Muße sich Hütten zu bauen, Steine zu flutschen, zu baden, im Sand zu graben, zu schnitzen, Pilze zu sammeln und Drachen steigen zu lassen.«

Janet Lindemann — Kinderbuchautorin

Wie ist er so, der echte Rüganer?

»Dem echten Rüganer werden oft eine norddeutsche Verschwiegenheit und ein großes Herz nachgesagt. Viele haben die Insel seit Jahrzehnten nicht verlassen. Manche noch nie. Als zurückhaltend, wortkarg oder reisescheu würde ich mich aber nicht bezeichnen. Ganz im Gegenteil.«

Bianca Lohr — Journalistin und Fotografin

Wenn du Gästen nur einen Ort auf der Insel zeigen könntest, welcher würde das sein?

»Das ist schwer, denn da sind die Strände, die Bäderarchitektur und die Kreideküste. Wenn ich mich aber wirklich für einen einzigen Ort entscheiden müsste, wäre das die Kreideküste. Die gibt es so einfach nirgends sonst.«

Gabi Lorenz — Inneneinrichterin

Familienbesuch vom Festland hat sich angekündigt. Welchen gemeinsamen Ausflug macht ihr?

»Wir machen einen gemütlichen Spaziergang oder eine Tour mit dem Fahrrad in der Nähe unseres Hofes, luchsen unserem Echotal eine Antwort ab, sitzen am Teich vorm Haus und genießen das Froschkonzert. Fuchs und Hase, Hirsch und Reh ziehen über die Wiesen und Felder, der Storch klappert, die Kraniche schreien. Die Welt ist in Ordnung.«

Karsten Neubert — Filmemacher

Du reist jedes Jahr mit deiner Familie nach Rügen — warum diese Insel?

»Für mich ist Rügen zu jeder Jahreszeit der schönste Ort am Meer, vom rauen Norden bis zur ruhigen Boddenlandschaft, die Steilküsten und endlosen Strände und das abwechslungsreiche Inland, hier fühlen wir uns als Familie richtig frei vom Alltag und entdecken immer wieder neue Ecken und Winkel der Insel.«

3. Essen & Trinken 56

4. Flora & Fauna 78

5. Kunst & Kultur 96

Einladung zum Schmökern

Dieser Ausflugsführer bietet verschiedene Möglichkeiten der Orientierung. Zum einen lädt er ein zum Schmökern, denn die Scouts erzählen in ihren Ortsbeschreibungen aus ganz persönlicher Sicht über Rügen und Hiddensee. Sie schreiben über Anekdoten, Veränderungen und Althergebrachtes, über Lustiges und Kritisches.

Navigation nach Lust und Laune

Zum anderen kannst du mit diesem Ausflugsführer spontan Ausflüge je nach deiner Stimmung planen. Dabei hilft dir die Aufteilung der Entdeckungen der Scouts in »Wege und Entdeckungen«, »Geschichte«, »Essen und Trinken«, »Flora und Fauna«, »Kunst und Kultur«, »Ruhe und Entspannung«, »Menschen und Meinungen« und schließlich ein Kapitel für Reisende mit »Kind und Kegel«. In der Innenklappe gibt es eine Kartenübersicht mit den beschriebenen Orten.

Infobox

Am Ende jedes Beitrags befindet sich die Infobox »Gut zu wissen« mit genauem Standort, Angaben zu Webseiten, Öffnungszeiten oder was sonst noch wichtig ist. Mit dem Übersichtsplan in der Innenklappe, dem Smartphone oder GPS kannst du die Orte problemlos finden.

QR-Code zum Download der GPX-Routen

Und für alle Technikbegeisterten findet sich bei jeder Wandertour ein QR-Code, mit dem du die Strecke direkt auf dein Smartphone laden kannst — oder du nutzt den dazugehörigen Kartenausschnitt im Buch. Mehr interaktives Kartenmaterial findest du auf der Webseite zum Ausflugsführer Rügen / Hiddensee:

www.scottyscout.com/ruegen-hiddensee

▶ Informationen zur Ausflugsregion Rügen / Hiddensee

Rügen ist Deutschlands größte Insel. Ihr vorgelagert im Nordwesten liegt ihre autofreie Nachbarinsel Hiddensee. Die Inseln sind ein sehr beliebtes Urlaubsziel in Mecklenburg-Vorpommern. Touristische Hochburgen mit klassischen Sehenswürdigkeiten, denken die einen. Kraftorte in unberührter Natur, sagen die anderen. Inseln, die überraschen, auf die man sich einlassen sollte, zu allen Jahreszeiten, sagen wir.

Der Norden Rügens ist weites Land, geprägt von rauen Küsten, offener See, uralten Buchenwäldern und berühmt für das Kap Arkona und die Kreidefelsen. Die bekannten Ostseebäder mit ihren weißen Sandstränden reihen sich an der Ostküste aneinander. Im Südosten liegt die Halbinsel Mönchgut, urige Fischerorte, umgeben von Bodden und Meer. Der Inselsüden ist ruhig und verträumt, genauso still wie der Westen der Insel, fast vergessen scheint die flache Landschaft.

Um deine Wahrheit über die beiden Inseln herauszufinden, hilft dir dieser Ausflugsführer. Die persönlichen Tipps der Scouts zu besuchenswerten Orten und Interviews mit Menschen auf den Inseln zeigen ein teilweise unentdecktes Bild der Reiseregion, individuell und vielfältig. Wie es wirklich ist, kannst Du selbst entdecken.

Aktuelles auf Rügen und Hiddensee

Auf beiden Inseln gibt es sommers und winters viele Veranstaltungen und Aktivitäten. Verlässliche Quellen für aktuelle Termine sind die beiden Magazine »Rügen à la carte« und»Rügen aktuell«. Beide sind kostenfrei erhältlich in den Besucherinformationen und Kurverwaltungen. Letzteres bietet auch eine Terminübersicht auf der Internetseite:

www.ruegen-aktuell.de und www.seebad-hiddensee.de

Die Tourismuszentrale Rügen betreibt außerdem ein sehr ansprechendes Online-Magazin:

www.wirsindinsel.de

Unterwegs zu Fuß und mit dem Rad

Es gibt es viele Fahrrad-Verleihstationen, auch E-Bikes stehen zur Verfügung. Zur Nutzung von E-Bikes haben wir in diesem Reiseführer auf Seite 164 einen gesonderten Beitrag erstellt. Ein guter Überblick zum Radverleih auf Rügen und Hiddensee findet sich auf der Webseite der Insel Rügen:

www.ruegen.de

Der VVR bietet für den Radtransport die RADzfatz-Busse mit Anhängern für bis zu 16 Räder. Sie verkehren im Sommer im 15-Minutentakt, Mai und Oktober halbstündlich.

Für die Tourenplanung zu Fuß und mit dem Rad bietet die Webseite »Rügen aktiv« eine große Auswahl an Strecken mit kostenloser App zum Download:

www.ruegenaktiv.de

Unterwegs auf dem Wasser

Eine besondere Einstimmung auf die Insel Rügen ermöglicht die Anreise mit der Fähre von Stahlbrode nach Glewitz. Auch zwischen den einzelnen Seebädern entlang der Küste und zu speziellen Ausflugsorten verkehren Fähren.

Nach Hiddensee kommt man sowieso nur mit dem Schiff. Die Fähren fahren ab dem Hafen in Schaprode auf Rügen nach Neuendorf, Vitte oder Kloster oder direkt vom Festland ab Stralsund. Größter Anbieter ist die »Weiße Flotte«, sie bietet auch Wassertaxis an:

www.weisse-flotte.de

Informationen zu weiteren Anbietern und speziellen Strecken gibt es in den Kurverwaltungen.

Nahverkehr

Von und nach Rügen verkehren Bahnen des Regional- und Fernverkehrs. Wichtige Bahnhöfe sind Bergen, Putbus, Binz und Sassnitz. Die Bahnhöfe werden von verschiedenen Anbietern angefahren. Details zur Anreise finden sich auf der Webseite der Insel Rügen:

www.ruegen.de

Rügen verfügt über eine gute Abdeckung mit Bussen. Dafür sorgt die Verkehrsgesellschaft Vorpommern-Rügen. Aktuelle Fahrpläne und Netzplan auf der Webseite:

www.vvr-bus.de

Ein ganz besonderes Fortbewegungsmittel auf Rügen ist die dampflokbetriebene Schmalspurbahn »Rasender Roland«. Sie ist Teil des öffentlichen Personennahverkehrs von Putbus über Binz, Sellin und Baabe nach Göhren, im Sommer auch ab Lauterbach Mole:

www.ruegensche-baederbahn.de

Innerhalb einzelner Seebäder wie Binz, Sellin und Baabe gibt es private Bäderbahnen. Besucher mit Kurkarten dieser Seebäder können die Bahnen kostenfrei nutzen.

1

Wege & Entdeckungen

Übersicht Scoutbeiträge

Durch ausgedehnte Wälder wandern, an weiten Stränden spazieren, auf Feldwegen reiten, mit dem Rad über romantische Alleenstraßen oder per Schiff zwischen den Inseln reisen — es gibt viele Möglichkeiten, Rügen und Hiddensee zu erkunden. Unsere Scouts nehmen dich mit auf ihren Lieblingsspaziergang, tauchen ein in das bunte Markttreiben Rügens schönster ländlicher Gemeinde, erzählen alte Sagen in den tiefen Wäldern der Granitz und erfahren so ganz nebenbei was Entschleunigung bedeutet. Auf einer altbekannten Wanderung immer wieder etwas Neues entdecken, einen berühmten Ort mal mit anderen Augen sehen — neben den bekannten Ausflugszielen sind es die kleinen und großen Entdeckungen, die besonderen Pfade abseits der bekannten Wege die diese Inseln so einmalig machen.

Bild S. 13: Klein Zicker

Märchenhaftes aus dem Märchenwald Schwarbe

von Janet Lindemann

RÜGEN

Ein Raum zum Träumen und Reisen, ein Raum, um die unzähligen Eindrücke des Alltags zu verarbeiten und der inneren Stimme zu lauschen ist der Märchenwald im hohen Norden der Insel Rügen. Zwischen dem Kap Arkona und Dranske — zwischen Ostsee, Steinstrand, Feldern und Wiesen.

Die Bäume hier haben bizarre Formen. Eine Baumreihe reckt die langen mächtigen Arme. Möchten uns die hölzernen Riesen willkommen heißen? Kurz und knorrig sind ihre Stämme. Der Blick fällt auf eine Baumwurzelhöhle. Ob hier Waldgeister leben? Und warum greift eine Baumwurzel nach dem Nachbarbaum? Daneben zwei am Stamm unzertrennliche Buchen. Wie ein Liebespaar wiegen sie sich im Takt des Seewindes. Ein breiter Stamm am Waldweg erinnert an einen Waldschrat. Warum schaut er so finster? Er blickt auf die Ostsee. Vielleicht liegt es am kühlen Wind, der hier oben im Norden verlässlich bläst. Wer sich die Zeit nimmt, die hochgewachsenen Bäume mit ihren kräftigen Stämmen und weit verzweigten Wurzeln zu betrachten, entdeckt Figuren und Wesen. Einige tragen Umhänge aus Moos, andere filigrane Muster.

Ich verweile auf einer Bank am Hochufer und lausche: Wind, Wellen, Blätterrauschen. Meine Gedanken verstummen. Weit reicht der Blick von hier oben auf die Ostsee. Am Horizont sehe ich Frachter, direkt vor mir liegt ein steinernes Meer. Ein Bach namens Müllerrinne mündet über das Kliff in die Ostsee. Hochgewachsen und kerzengerade stehen die Buchen auf der anderen Uferseite. Im Vergleich zu ihren Schwestern und Brüdern auf »unserer« Seite wirken sie wahrlich brav. Nur vereinzelt tanzt jemand aus der Reihe. Ihre Knorren erinnern an Augen. Sie schauen herüber. Ihre Blicke berühren mich — mein Herz, meine Seele. Das Kind in mir möchte bleiben, träumen und reisen.

► Gut zu wissen:

Der Märchenwald befindet sich zwischen Kap Arkona und Dranske, nördlich der Siedlung Schwarbe. Anreise: Mit der Buslinie 11 nach Schwarbe, dem Plattenweg nach Schwarbe Siedlung folgen und weiter in Richtung Steilküste laufen. Direkt am Waldgebiet befindet sich auch ein Parkplatz.

1

Groß Stresow — kleines Dorf mit großer Ausstrahlung

von Gabi Lorenz

Schon der holprige Weg zum Dorf — die Allee beginnt am Ortseingangsstein — ist sehr einladend. Ob mit dem Auto, dem Fahrrad oder zu Fuß, auf des Hügels Gipfel muss das erste Mal verweilt und geschaut werden, denn die Aussicht auf das Mönchgut und den weiten Greifswalder Bodden ist wunderschön. Weit unten liegt, wie eingebettet in die unzähligen Wildrosenbüsche, das Dorf Groß Stresow.

Die hübschen, liebevoll sanierten Häuser und auch einige mondäne, aber dem Ortsbild entsprechende neugebaute Häuser wirken einladend. Fast an jedem bleiben wir stehen, um ein Detail, eine schöne Tür oder den Garten näher zu betrachten. Besonders sind auch die Tierweiden zwischen den Gärten, mit Schaf, Ziege, Pferd und Federvieh. Und Humor haben die Stresower auch, was ein Hinweisschild am Wegesrand bezeugt. Wir können uns aussuchen, ob der Weg nach Tokyo , Helsinki oder Sydney führen soll. Aber hier entscheidet doch der Grundsatz: »Warum in die Ferne reisen, sieh, das Gute liegt so nah.« Die Entdeckungstour geht zum Verräterhaus, neu eröffnet, wird hier die Geschichte des Ortes in einer Ausstellung gezeigt. Auch die gerade wieder aufgestellte Preußensäule am Ortseingang ist nicht nur wegen der tollen Aussicht einen Besuch wert.

Sind Kinder mit von der Partie, wird vermutlich bald der Strand mit einem Picknickkorb siegen und das kann für Eltern und Großeltern auch sehr entspannend sein. Kleine Naturbuchten und die Ausblicke in allen Richtungen sind schön und das flache Boddengewässer ist für Kinder besonders attraktiv zum Spielen und Toben. Ist kein Picknickkorb im Gepäck, gibt es wunderbaren Trost. Etwa 100 Meter den

Gut zu wissen:

Groß Stresow liegt am Greifswalder Bodden im Biosphärenreservat Süd-Ost Rügen. Anreise: Mit der Buslinie 30 bis Groß Stresow.

Wanderweg entlang steht er, der Kiosk. Verschiedene Eissorten mit hausgemachten Fruchtsoßen, Blechkuchen, Fischbrötchen und weitere regionale Leckereien sind köstlich. Damit dann unkompliziert auf der Wiese oder am Strand sitzen — herrlich. Nun wird frisch gestärkt der Rest des Ortes und der Küstenweg in Richtung Lauterbach und der Goor erkundet, der bis Lauterbach als Radweg ausgeschildert ist. Wir haben den Ort schon zu allen Jahreszeiten besucht und es nie bereut. Ich sage mein »Wildrosenzauberort«. Da weiß selbst der Hund Bescheid, wohin es geht.

Entschleunigung unter Dampf – mit dem Rasenden Roland bis Göhren

von Gaia Born

RÜGEN

Gleich vorneweg: Ich bin wirklich kein Eisenbahn-Fan. Daher füge ich mich eher widerwillig dem Votum meiner Familie, die mich klar überstimmt und beschließt: Heute fahren wir mit dem Rasenden Roland. Und zwar die ganzen 24,1 Kilometer von Lauterbach Mole bis nach Göhren — das sind laut Fahrplan in den teilweise über 100 Jahre alten Wagen der von historischen Loks gezogenen Schmalspurbahn zwei Stunden und eine Minute. Ich seufze resigniert und richte mich auf Langeweile pur ein, während hinter mir zwei Eisenbahnfreunde begeistert fachsimpeln. Immerhin: Das Wetter ist gut, wir setzen uns also in den offenen »Cabrio-Wagen«, während vor uns die kleine Lok schon ungeduldig graue Rauchwolken ausstößt.

Dann geht es los — mit 30 Kilometern pro Stunde dampfen wir über saftige Felder auf die nächste Haltestelle Putbus zu. Hier wird unsere Lok kurz aufgetankt, fasziniert beobachten wir, wie der blaue Kran neue Kohlen über einen Trichter in das Innere der Lok bugsiert. Auch Wasser wird nachgefüllt — schließlich haben wir noch einen langen Weg vor uns. Der führt uns dann auch auf idyllischer Strecke an den Haltestellen Beuchow, Posewald und Seelvitz vorbei — auch in Serams hält unser Zug nicht. Und ich merke, dass ich begonnen habe, die geruhsame Fahrt durch die wunderschöne Landschaft zu genießen. Das Tempo ist angenehm, Autos müssen an den Straßen warten, wenn der Rasende Roland kommt. Und wann immer wir in eine Kurve gehen, bietet sich ein absolutes Postkartenmotiv: Die schwarzrote Lok pufft fröhlich Dampfwolken in den blauen Himmel.

In Binz herrscht reges Treiben, viele steigen hier aus oder zu. Der Blick auf das weiße, anmutige Bahnhofsgebäude versetzt mich für einen Moment um 120 Jahre zurück. Die Fantasie gaukelt elegante Damen mit Sonnenschirmen und Herren

► Gut zu wissen:

Der Rasende Roland fährt von Putbus nach Göhren und zurück, an rund 100 Tagen im Jahr auch von Lauterbach-Mole. Fahrpläne für Haupt- und Nebensaison liegen überall aus, www.ruegensche-baederbahn.de. Das Kombi-Ticket »Wasser und Dampf« bietet eine Strecke mit dem Rasenden Roland, eine mit dem Schiff.

mit Hut und Spazierstock vor, die der Eröffnung dieses ältesten Streckenabschnitts zwischen Putbus und Binz 1895 beiwohnen. So richtig verliebe ich mich aber erst in den Rasenden Roland, als es anschließend durch den Wald geht. Die Dampfschwaden der kleinen Lok fangen sich in den Baumwipfeln, die Sonne wirft ihre Strahlen hindurch, ich staune über die märchenhafte Stimmung. Wie schnell doch zwei Stunden vergehen können! Ich habe die wechselvolle Landschaft Rügens entdeckt, fühle mich herrlich entschleunigt und steige schließlich ganz und gar ungern in Göhren aus.

Markttreiben in Gingst — regional und ökologisch einkaufen

von Janet Lindemann

RÜGEN

Abseits vom Badetourismus befindet sich »Rügens schönste ländliche Gemeinde«. Diese Auszeichnung wurde dem Ort Gingst im stillen Westen der Insel in den Jahren 2002 und 2004 verliehen. Mit Recht. Um den Marktplatz herum gibt es eine Vielzahl fein herausgeputzter, bunter Häuser. Darin tummeln sich zum Beispiel die Feen und Fräuleins von Töpfermeisterin Roswitha Burgmann-Seewald, schneidet Naturkosteinzelhändler Lothar Seewald frisch gebackenes Biobrot und Kuchen an, lädt Buchhändlerin Petra Dittrich zu Lesungen mit preisgekrönten Autoren ein, werden edle Tropfen aus der ersten Rügener Edeldestillerie Lieschow ausgeschenkt.

Auf dem Museumshof wird Sommer für Sommer samstags ein Grüner Markt veranstaltet. Regionale Händler bieten im Schatten hochgewachsener Bäume regionale Bio- und Ökoprodukte an: Selbstgeerntetes, Selbstgestricktes, Genähtes, Gewebtes, Geschriebenes. Jeder kennt hier jeden. Liebevoll ist der Umgang miteinander, fast familiär. Im Laufe der vielen Jahre sind die Anbieter zu einer festen Gemeinschaft zusammengewachsen. Im Museumscafé und -laden auf dem Hof wird täglich der Backofen angeheizt und Kuchen gebacken. Den genießt man an warmen Tagen am besten draußen im Grünen — an Holztischen, auf handgetöpferten Tellern.

Die beiden Fachwerkhäuser mit dem Reetdach sind die »Historischen Handwerkerstuben«. Im Inneren beherbergen die weißen Bauten aus dem 18. Jahrhundert unter anderem die Wohnstuben und Werkstätten eines Schumachers, eines Schneiders und eines Webers. Besonders auffällig ist die bunte Tür des Efeuhauses. Die Museumsschmiede nebenan wird gern von Schmieden aus aller Welt für Arbeits-

Gut zu wissen:

Museumscafé, Hofladen und Antiquariat, Karl-Marx-Straße 19a, 18569 Gingst, Tel. + 49 (0)38305 539993, www.museumscafe-gingst.de, Öffnungszeiten ab Mai: Täglich außer Mi. 12 bis 17 Uhr, an Marktagen ab 10 Uhr, mehrmals monatlich Konzerte. Anreise: Mit den Buslinien 35, 38 40 und 41 bis Gingst-Markt.

aufenthalte genutzt. So manch handgeschmiedetes Stück findet sich heute in Rügener Stuben wieder. Die Handwerkskunst hat im Ort eine lange Tradition. Neben Bergen und Garz galt die Gemeinde über Jahrhunderte hinweg als bedeutender Marktflecken. Emsiges Markttreiben herrscht heute bei traditionellen Festen und Märkten wie dem Kunsthandwerkermarkt, dem Grünen Markt, dem Trödelmarkt oder bei der Adventskirmes »Folge den Sternen«. Mit viel Leidenschaft und Engagement bereiten die Gingster ihre Märkte vor. Auch das macht den Reiz des Ortes aus.

Lieblingsspaziergang auf der Halbinsel Zudar

von Gabi Lorenz

(10 KM) RÜGEN

Was macht ihn aus, den Lieblingsspaziergang? Schön ist er doch immer, ob kurz oder lang, als Spaziergang oder Wanderung, in seiner vollen Länge oder in den Abschnitten, die unsere Kondition gerade hergibt. Heute, es ist ein sonniger, windstiller Herbsttag, wissen wir, was uns erwartet: Einsamkeit, Romantik, das Geschrei der Kraniche, ein Feuerwerk für die Sinne. Da es noch früh am Tag ist, brechen wir auf, um die ganze Wanderung vom Ortsausgang Zicker zum Gelben Ufer zu machen. Der Rucksack ist gepackt mit einem Fernglas, kleinen Stärkungen und der Leine für den Hund. Wichtig, denn wir wandern durch ein Naturschutzgebiet. Zum Glück gibt es ja die Laufleine, deuten wir den verständigen Blick unserer Hündin.

Entlang der Schoritzer Wiek gehen wir auf geschlängelten Waldwegen, Moorflächen zwischendrin, in denen sich die windflüchtigen Kiefern spiegeln. Wir sehen gegenüber unseres Weges die kleine Insel Ruschbrink liegen, ein Platz für Kormorane. Die Bucht ist ein Anglerparadies, im seichten Boddengewässer soll es Hechte, Barsche und Zander geben. Weiter geht es durch urige Salzwiesen, große Schilfflächen, herrliche Wildrosen und entlang des Waldes zum Strand. Wir erinnern uns an das erste Mal Baden in diesem Jahr, genau hier an dieser Stelle, diesem schönen Sandstrand am Ende des Pritzwalder Naturcampingplatzes. Ungestört, keine Badehose dabei, aber hier — kein Problem. Der Campingplatz ist jetzt verlassen, die Winterhütten der Dauercamper, geschmückt mit Feuersteinketten und wilden Federn, erinnern an den vergangenen Sommer.

Am Ende des Campingplatzes geht es am Hochufer entlang des Feldes. Der Geruch von frisch umgebrochener Erde vermischt sich

► Gut zu wissen:

Ausgangspunkt der Wanderung von 10 km ist das Ende des Plattenweges bei Zicker am Parkplatz. Der Weg führt über den Naturcampingplatz Pritzwald und die Ortschaft Grabow. Anreise: Mit der Buslinie 33 bis Zicker, dann zu Fuß weiter.

mit der salzigen Luft des Boddens, herrlich. Wieder entlang des dünnen Ufersaumes kraxeln wir über Wurzeln, umgefallene Bäume und kleine Tümpel. Ein großer Vogel ist in Sichtweite und wir haben Glück, nach einem prüfenden Blick durch das Fernglas erkennen wir einen Seeadler. Schließlich sind wir angekommen, am »Pfannkuchen«, einem riesigen Findling am Boddenufer. Der perfekte Platz Ausschau zu halten, Kiesel zu werfen, innezuhalten, zu träumen. Nun könnte man noch viel weiter wandern, viel Neues entdecken, Steine sammeln, aber das ist eine andere Geschichte.

Wanderungen durch die Zickerschen Berge

von Karsten Neubert

(8 KM) RÜGEN

Eine Wanderung in den Zickerschen Bergen gehört bei uns in jedem Urlaub auf Rügen unbedingt zum ersehnten Familienausflugsprogramm. Viele unterschiedliche Wanderwege führen durch das Naturschutzgebiet, das zum Biosphärenreservat Südost-Rügen gehört, über Hügel und durch Senken, vorbei an kleinen Wäldern, immer durch die trockenen Rasenflächen, die voller verschiedener Kräuter und Pflanzen sind. Teile der Zicker Berge werden als Weideland genutzt. Sehr zur Freude der Kinder sehen wir immer wieder Schafsherden, die uns entlang ihres Zaunes ein ganzes Stück auf unseren Wegen begleiten.

Die hügelige Landschaft wird von den Einheimischen auch liebevoll die »Zickerschen Alpen« genannt und das nicht zu Unrecht, schließlich ist der Bakenberg mit seinen stattlichen 69 Metern Höhe die höchste Erhebung der Halbinsel Mönchgut. Hat man den Baken bezwungen, wird man mit einer beeindruckenden Aussicht auf den Greifswalder Bodden belohnt, bei gutem Wetter reicht die Sicht sogar bis nach Usedom. Die Orte Gager auf der einen und Groß Zicker auf der anderen Seite sind gut zu sehen, jenseits des Zicker Sees liegt zum Greifen nah die schöne Steilküste der Halbinsel um Klein Zicker. Auch die Granitz, Göhren, Thiessow und das Reddevitzer Höft sind gut von hier oben zu erkennen.

Meistens wandern wir bis zum »Nonnenloch«, einem sagenumwobenen Ort, um den sich die verschiedensten Geschichten ranken. Eine besagt, dass sich hier vor vielen Jahrhunderten die Nonnen des Klosters in Bergen heimlich mit den Mönchen aus Eldena trafen. Eine andere, dass die Nonnen aus Bergen zur Strafe für ihre Vergehen in

► Gut zu wissen:

Ein guter Startpunkt für eine 8 km lange Wanderung in die Zickerschen Berge ist der Hafen in Gager, Am Hafen 1, 18586 Gager. Man geht bis zum Ende des Ortes, dann durch die Zicker Berge bis Groß Zicker oder umgekehrt. Anreise: Mit den Buslinien 20 oder 24 bis Gager. Am Hafen gibt es einen Parkplatz.

diese tiefe Grube gestürzt wurden. Die Grube wurde vor langer Zeit verschlossen, dennoch sollen noch heute in stürmischen Nächten die Klagen der Weißen Frauen zu hören sein.

Vorbei am Nonnenloch geht es dann durch einen gespenstischen Wald mit knorrigen Bäumen und dichtem Unterholz eine Treppe hinunter zum Strand. Mit Blick auf die Insel Vilm gehen wir von hier aus gern an der Steilküste entlang zurück und denken schon an unseren nächsten Ausflug in die Zickerschen Alpen und die Entdeckungen, die uns auf neuen Wegen erwarten.

Rügens Strände

von Bianca Lohr

RÜGEN

Die Küstenlinie der Insel Rügen ist 574 Kilometer lang und beherbergt nahezu jede Art von Strand. Was darf's also sein? Sand, Steine, Bodden, Naturstrand? Oder jeden Tag etwas anderes? Ich selbst bin bekennender Sandstrand-Fan und Strände gibt es auf Rügen ja zum Glück jede Menge. Sie sind meist kilometerlang und befinden sich vor allem in den Seebädern an der Ostküste, aber auch im Norden der Insel an der Schaabe und zwischen Kap Arkona und Dranske. Hier findet man den feinsten und weißesten Sand, den man sich nur wünschen kann, allerdings variiert die Körnigkeit von Ort zu Ort ein wenig. Mein persönlicher Lieblingsstrand ist der weiche Puderzuckersandstrand zwischen Binz und Prora.

Während man im feinen Ostseesand völlig entspannt barfuß herumlaufen kann, sind an den Steinstränden Schuhe Pflicht, da ein Spaziergang auf den oft spitzen und rutschigen Steinen sonst schnell zum Balanceakt werden kann. Die bekanntesten Steinstrände Rügens liegen an der Kreideküste — wunderschön und ein Paradies für Fossiliensammler. Mit etwas Glück findet man hier Hühnergötter, Seeigel und Donnerkeile und kann sich so ein Stück Kreidezeit mit nach Hause nehmen.

Wer es etwas ruhiger haben will, sucht am besten die verschiedenen Boddengewässer an der Westküste und im Landesinneren auf. Hier schmiegen sich romantische Schilfgürtel um die Insel und geben mancherorts kleine versteckte Buchten frei. Da das Wasser hier außerdem meist sehr lange sehr flach bleibt, sind Boddenstrände perfekt für Familien mit kleinen Kindern. Der Bodden ist auch die Heimat von vielen Wassersportlern und gerade für Anfänger ist das flache Wasser ein Segen. Das

▶ Gut zu wissen:

Vom Ostseebad Binz bis Prora kann man wunderbar am Strand entlangspazieren, mein Lieblingsstrandstück liegt zwischen beiden Orten, Strandstraße, 18609 Binz. Anreise: Mit den Buslinien 20 und 23 bis Binz-Grundschule oder Prora-Strandstraße.

kann ich aus eigener Erfahrung bestätigen, denn auch ich habe hier vor Jahren das erste Mal auf einem Surfbrett gestanden.

Im Südosten der Insel vereint die abwechslungsreiche Küste des Greifswalder Boddens fast das gesamte Spektrum der verschiedenen Strände Rügens. Es gibt Steilküsten, Steinstrände, kleine Buchten und langgezogene Naturstrände. Doch so toll ich Bodden- und Steinstrände auch finde, im Sommer findet man mich an den weiten Stränden der Ostsee — warmen, weichen Sand unter den Füßen. Ich bin und bleibe nun mal ein Sandstrand-Typ.

Insel Vilm – Märcheninsel im Rügenschen Bodden

RÜGEN

von Gabi Lorenz

Der Besuch auf der Insel Vilm sollte geplant werden. Denn es gibt nur eine Überfahrt täglich, als geführte Wanderung, mit interessanten, fachkundigen Einblicken in die Geschichte der Insel. Auch wir haben ihn geplant, von Heute auf Morgen, spontan an einem Herbsttag. Und so standen wir am späten Vormittag im Hafen von Lauterbach, etwas mürrisch, da dichter Nebel eine Aussicht unmöglich machte und warteten auf »Julchen«, den Dampfer nach Vilm. Es wurde eine filmreife Überfahrt nach Vilm, denn während der zehnminütigen Reise lichtete sich der Nebel und die Insel erschien wie aus dem Nichts und zog uns schon von Weitem in ihren Bann.

Wie eine Märcheninsel lag sie 2,5 Kilometer lang und etwa 40 Meter über dem Meeresspiegel vor uns. Das kleine Eiland ist ein Naturparadies von anmutiger, wilder Schönheit. Ihre Urwüchsigkeit ist einzigartig, denn die Insel wurde jahrhundertelang von zerstörerischen Eingriffen verschont und vereint jetzt das gesamte Spektrum an Küstenformen der südlichen Ostsee. Der Buchenwald auf Vilm gehört zu den ältesten und wertvollsten Naturwäldern Norddeutschlands. Zwischen 250 bis 300 Jahre sind einige Bäume alt. Voller Ehrfurcht standen wir auch unter bizarr geformten, uralten Eichen. Selbst die abgebrochenen Äste, inzwischen von Moosen und Pilzen bewachsen, geben traumhafte Fotomotive ab. Die Laubfärbung des Urwaldes im Herbst ist ein zusätzliches Feuerwerk der Farben. Beim Blick auf den umlaufenden Bodden konnten wir hunderte von Wasservögeln wie Gänse, Höcker- und Singschwäne entdecken. Ein Eldorado auch für Vogelkundler und ein besonderes Naturerlebnis. Nicht umsonst ist die Insel Vilm Bestandteil des Biosphärenreservates Südost-Rügen und eine Außenstelle des Bundesamtes für Naturschutz, zu der auch die Internationale Naturschutzakademie gehört.

▶ Gut zu wissen:

Exkursionen auf die Insel Vilm finden täglich ab Hafen Lauterbach von März bis Oktober statt. Maximal 30 Personen nach Voranmeldung: Tel. +49 (0)38301 61896, www.vilmexkursion.de. Anreise: Mit der Schmalspurbahn Rasender Roland bis Lauterbach-Mole oder den Buslinien 30 und 31 bis Lauterbach-Hafen.

Die Sage vom Schwarzen See in der Granitz

von Linda Holfeld

(6 KM) RÜGEN

Eine Wanderung zum Schwarzen See in der Granitz ist begleitet von einer fantastischen Sage, die auf Rügen gern auch immer ein bisschen abgewandelt erzählt wird. Wir gehen in Sellin kurz vor der Seebrücke den Hochuferweg entlang in Richtung Binz. Eingetaucht in den mystischen Wald der Granitz klingt die Sage vom Schwarzen See noch märchenhafter.

Eines Tages brach ein Prinz zur Jagd in die Wälder der Granitz auf und als er zu seinem Schloss zurückkehrte, war an dessen Stelle nur noch ein schwarzer See. Auf dem See dümpelte noch ein Stuhl, auf dem die reich verzierten Handschuhe des Prinzen lagen. Der eitle Königssohn rettete statt des Stuhles, der ein Zeichen der Gastfreundschaft ist, nur seine Handschuhe. Da versank auch der Stuhl und der Prinz wurde in eine Eiche verwandelt, die auch heute noch, alt und knorrig, am Ufer des Schwarzen Sees steht.

Und wirklich, unter der verzauberten Eiche setzen wir uns an einen kleinen Rastplatz und packen unser Picknick aus. Ab und zu werfen wir dem wachenden Prinzen, erstarrt zu Eichenholz, einen verstohlenen Blick zu. Die Sage sagt weiter, dass in dem versunkenen Schloss noch immer eine unheimliche Festgesellschaft feiert. Manchmal, wenn der Wind richtig steht, sind die munteren Stimmen bis nach Sellin zu hören. Sollten sich die Zinnen des Schlosses jemals an der Oberfläche zeigen, und es gibt jemanden der mutig genug ist einzutreten, dann soll sich das Schloss wieder in seiner ganzen Pracht aus dem Schwarzen See erheben. Vorsichtig gehen wir also über den hölzernen Steg auf den See und starren hinein. Tiefschwarz und still liegt der See, auf der Oberfläche schwimmen prächtige Seerosen, ein Schloss ist nicht zu sehen. Doch halt, war da nicht Gesang zu hören?

Gut zu wissen:

Ein guter Startpunkt für die 6 km lange Wanderung ist der Platz vor der Seebrücke in Sellin, Wilhelmstraße, 18586 Sellin. Der Schwarze See und ein 100 Meter breiter Uferstreifen gehören heute zur Kernzone des Biosphärenreservats Süd-Ost Rügens. Anreise: Mit den Buslinien 20 und 24 bis Sellin-Granitzer Straße.

Hochuferwanderweg
Hochuferwanderweg
110 m
110 m
110 m
110 m
110 m
110 m
S
Z
UHLENWEG
Hauptstrand
Kurpark
Friedensberg
KIRCHSTRASSE
WILHELMSTRASSE
GRANITZER STRASSE
FELDWEG
Selliner Forst
LUFTBADSTRASSE
NEUER WEG
Ostseebad
Sellin
HAUPTSTRASSE
SEESTRASSE
B 196
SEESTRASSE
SEESTRASSE
B 196
B 196

Das Ostseebad Binz

von Bianca Lohr

RÜGEN

Am berühmten Ostseebad Binz scheiden sich die Geister. Man kann es lieben und bewundern oder einen großen Bogen darum machen. Als ich hierher gezogen bin, tat ich das in erster Linie wegen des Bahnhofs, denn ich hatte kein Auto. Damals war ich trunken vor Glück: Strand, Meer, Nachtleben — alles vor der Haustür und in fußläufiger Entfernung! Mittlerweile gibt es noch den Strand und das Meer. Und genau dorthin strömen im Sommer Tausende von Menschen. Binz ist nun mal das berühmteste Seebad auf Rügen. Sprich, es ist laut, voll, teuer und je nach Laune mal mehr, mal weniger überheblich.

Doch das ändert nichts an der Tatsache, dass Binz schön ist. Unsagbar schön. Ganz besonders in den frühen Morgenstunden, wenn sich der Ort noch im seligen Dornröschenschlaf befindet und nur ein paar Möwen, Jogger und Spaziergänger am Wasser entlanggehen. Dann ist Binz perfekt. Deshalb empfehle ich jedem, mindestens einmal vor dem Frühstück einen Abstecher zum Strand zu machen, die Stille dort zu genießen und zuzusehen, wie sich das sanfte Morgenlicht über den Strand ergießt und die Sonne die pittoresken Bäderstilvillen an der Promenade wachküsst. Die Ostsee glitzert zu dieser Zeit meist golden, manchmal auch silbern und wenn man sich dann noch in das klare, kühle Wasser traut, ist das Glück vollkommen. Es gibt keinen besseren Tagesbeginn.

Auch in der Granitz, meinem persönlichen Zauberwald, und am Schmachter See habe ich mir meine Liebe zu Binz bewahrt. Viele Touristen entdecken die ruhige Seepromenade erst nach mehreren Urlauben, weshalb es hier nach wie vor recht entspannt zugeht und sich auch in der Hochsaison immer ein Plätzchen auf den Sonnenterrassen der Cafés »Bar 04« und »See-Café« findet. An keinem anderen Ort in Binz kann man der Sonne schöner beim Untergehen zusehen.

Gut zu wissen:

Binz ist das größte Seebad auf der Insel Rügen, www.ostseebad-binz.de. Anreise: Mit der Schmalspurbahn Rasender Roland bis zum Kleinbahnhof, der RB zum Großbahnhof, den Buslinien 20 und 23 bis Binz-Ort oder mit dem Schiff bis zur Seebrücke in Binz.

1

Spaziergang zum Leuchtfeuer Gellen auf Hiddensee

von Janet Lindemann

(16 KM) HIDDENSEE

Wenn die Tagestouristen die Insel Hiddensee verlassen und die Sonne tiefer sinkt, dann lohnt ein Spaziergang von der »Hauptstadt« Vitte in der Inselmitte durch das Fischerdorf Neuendorf bis zum Leuchtfeuer Gellen im Süden. Wer die Farben, das Licht, die Stille auf der knapp acht Kilometer langen Strecke auf sich wirken lässt, kann sie Schritt für Schritt spüren: Die innere Ruhe und die Rückkehr zur Gelassenheit. Start der Wanderung ist der Hafen von Vitte. Fischerboote schaukeln. Möwengeschrei. In Imbiss-Stuben und Gaststätten werden fangfrische Fischspezialitäten serviert oder Fischbrötchen zum Mitnehmen über die Theke gereicht.

Von Vitte nach Neuendorf sind es fünf Kilometer. Der Weg führt durch die Sandheide. Sanfte Hügel, teils mit sandigen Dünen, teils eng mit Heidekraut bewachsen, gesäumt von Wäldchen mit weißglänzenden Birken oder windgebeugten Kiefern. Die Abendsonne dringt durch die Bäume, wirft lange Schatten und taucht die Wäldchen auf der Ostseeseite in ein geheimnisvolles, warmes Licht. Die Heide ist Naturschutzgebiet, enge Pfade führen kreuz und quer durch die Sträucher und Wiesen. Ringelnattern und Kreuzottern haben hier ihr Zuhause. Blätterrauschen ist zu hören. Wege führen über den Deich hinunter zum feinsandigen und muschelreichen Strand. Im Fischerdorf Neuendorf stehen Häuser frei auf einer Wiese. Leinen mit Bettwäsche dazwischen. Trampelpfade winden sich um die weißen Bauten. Die Adressen heißen Schaulbarg, Schabernack oder Pluderbarg. Im Fischereimuseum, ein alter Reusenschuppen am Ortseingang, wird die Geschichte der Fischer vom Länneken erlebbar.
Wer den Strand weiter nach Süden oder dem ausgeschilderten Weg durch das Waldstück folgt, gelangt zur Landzunge Gellen. Zwischen einer Baumreihe am Strand thront das

▶ Gut zu wissen:

Wenn man seinen Urlaub in der Hauptsaison auf Hiddensee verbringen möchten, sollte man frühzeitig reservieren. In der Vor- und Nachsaison sind Unterkünfte problemlos zu bekommen. Wanderung Vitte zum Leuchtfeuer Gellen und zurück: 16 km. Anreise: Mit der Buslinie 35 nach Schaprode, von dort weiter mit der Fähre oder einem Wassertaxi nach Vitte auf Hiddensee.

Leuchtfeuer Gellen mit seiner roten Galerie und dem kegelförmigen Dach. Das 12 Meter hohe Leit- und Quermarkenfeuer gehört zu den kleinsten an der Ostseeküste und markiert mit seinem Natursteinsockel im Dünensand die nördliche Einfahrt zum Gellenstrom. Viel weiter südlich geht es nicht. Innehalten am Strand. Bei Sonnenuntergang wird das besondere Licht erlebbar, von dem jeder Künstler und Hiddenseereisender schwärmt. Himmel und Ostsee färben sich Gelb, Gold, Orange, Rot, Violett. Alles glitzert und glänzt.

2

Geschichte

Übersicht Scoutbeiträge

Es ist auch die Geschichte, die eine Region prägt und ausmacht. Auf ihren Spuren wandeln kann man an vielen Orten auf Rügen und Hiddensee, manchmal sind diese Spuren nicht auf den ersten Blick ersichtlich. Ruinen, Gärten und Parkanlagen erzählen Geschichte und Geschichten und die alten Sagen und Mythen des Nordens lassen sich in den geheimnisvollen Wäldern, an tiefen Seen oder gewaltigen Hünengräbern erleben. Ein berühmtes Schloss vergangener Zeiten erhebt sich als Luftschloss wieder und ein Hexenhaus öffnet seine Türen für Besucher. Unsere Scouts finden aber auch für bedrückende Ereignisse aus Zeiten des Nationalsozialismus Worte. Sie stellen das Projekt der Stolpersteine vor und blicken hinter die Kulissen der Ruinen von Prora.

Bild S. 39: Kirche Groß Zicker

Das Schloss in Putbus – ein Luftschloss

von Gaia Born

RÜGEN

Es kommt tatsächlich öfter vor, dass Putbusser gefragt werden, wo sich denn nun das Putbusser Schloss befände. Die Angesprochenen reagieren oft mit Unwillen — wenn sie schon zu oft gefragt worden sind — oder mit Wehmut. Denn die Anziehungskraft dieses Bauwerks hat nach all den Jahren nicht nachgelassen — und das, obwohl das Schloss schon in den frühen 1960er Jahren abgerissen worden ist. Man könnte meinen, dass genug Zeit vergangen sei, um alte Wunden zu heilen. Doch das Putbusser Schloss widersetzt sich hartnäckig, nicht nur dem Vergessen, sondern auch dem Nicht-mehr-da-Sein. Wenn ich durch den Schlosspark mit seinen mächtigen, alten Bäumen wandele, erwarte ich fast, dass auf einmal weiße Pracht durch die Blätter blitzt. Ein klassizistischer Bau eben, mit eindrucksvoller Fassade, Treppenaufgang und links und rechts einem Türmchen. Und wenn man dann angekommen ist an dem Ort, an dem das Schloss einmal gestanden hat, ist die Leere unbegreiflich.

Das Putbusser Schloss war das einzige Gebäude zu Putbus, das nachweislich wesentlich älter war als die Neubauten, die während der Stadtgründung zwischen 1808 — hier werden die ersten Handwerker und Tagelöhner in Putbus angesiedelt — und 1817 entstanden. Schon in der Slawenzeit steht an seiner Stelle eine Burg, die 1253 erstmals erwähnt wird. Der quadratische Bau befindet sich genau in der Mitte eines Ringgrabens und ist Sitz der führenden Adelsfamilie Rügens. Als diese 1325 ausstirbt, übernimmt die Familie zu Putbus die Burg — hier entsteht das sogenannte »Steinhaus«, aus dem dann in mehreren Bauphasen nach und nach das prunkvolle Schloss wird, das 1962 schnöde abgerissen und eingeebnet wird.

Natürlich, nach dem Zweiten Weltkrieg wurden viele Adelsbauten anders genutzt und verkamen. Natür-

► Gut zu wissen:

Schlosspark Putbus, Kastanienallee, 18581 Putbus. Der Förderverein Residenzstadt Putbus und Schlosspark e.V. setzt sich für das kulturelle Erbe des Ortes ein, www.residenzstadt-putbus.de. Anreise: Die Schmalspurbahn Rasender Roland und die Buslinien 30 und 31 fahren bis Putbus-Bahnhof, die 30 bis Putbus-Park.

lich, in der DDR war nicht viel Geld und Sinn für den Erhalt solcher Gebäude vorhanden. Aber Abriss? Unverzeihlich. Die Bürger in Putbus hadern mit der Leere im Schlosspark, Kunstprojekte wurden angedacht, die das Schloss auf großen Leinwänden wieder entstehen lassen sollten. Immer wieder gibt es auch Anläufe, das Schloss wieder aufzubauen. Bisher vergeblich. Und so stehe ich vor der malerischen Grasfläche am Schwanenteich, schließe die Augen — und schon erhebt es sich wieder: Das Putbusser Schloss.

Die Sage vom Herthasee

von Nadine Förster

RÜGEN

Die Insel Rügen ist reich an Sagen und Geschichten. Rätselhafte Naturgewalten, die als übernatürliche Mächte galten, und die Abgeschiedenheit der Bewohner regten an langen Winterabenden die Phantasie der Menschen an. So entstanden viele Legenden über Wald- und Wassergeister, Irrlichter und anderen Spuk. Eine äußerst geheimnisvolle Geschichte rankt sich um den Herthasee, der in den tiefen Buchenwäldern Jasmunds zu finden ist. Hier soll einst die Göttin Hertha ihren Sitz gehabt haben. In okkulten Ritualen um die Erntezeit herum ertränkte sie alljährlich ihre Diener, damit diese von den heiligen Zeremonien nichts ausplaudern konnten. Die Geister der Ertränkten sollen sich noch heute am Ufer versammeln.

Und in der Tat, schon der Weg zum See, der von gespenstisch anmutenden Sümpfen umgeben ist, hat etwas Verwunschenes. Vorbei am Opferstein, einem Felsblock, auf dem einst Menschenopfer dargebracht worden sein sollen, und dem Sagenstein, auf dem der Fußabdruck einer gefallenen Jungfrau und ihrem Kind zu sehen sein soll, geht es entlang den Überresten der Herthaburg zum sagenumwobenen Waldsee. Eingebettet in den umliegenden Wald mit seinen rauschenden Wipfeln liegt der See ruhig da und hat für mich etwas Surreales, wie aus einem vagen Traum. Etwas oberhalb des Sees, unweit eines immer noch intakten germanischen Altars, steht eine Bank, von der man auf das wundersame Gewässer blicken kann. Dort nehme ich meist nach einer ausgiebigen Seeumrundung Platz und lasse die Zauberhaftigkeit dieses Ortes auf mich wirken. Wenn ich die Augen schließe und der Wald mich mit seinen Gerüchen umfängt, dann bin auch ich überzeugt, das wundersame Säuseln der Göttin zwischen Wind und Blättern zu vernehmen.

▶ Gut zu wissen:

Der Herthasee liegt im Nationalpark Jasmund, direkt am Wanderweg zwischen dem Besucherparkplatz Hagen und dem Nationalpark-Zentrum Königsstuhl, Stubbenkammer 2,18546 Sassnitz, www.sassnitz-ruegen.de/sassnitz-herthasee.html. Anreise: Mit den Buslinien 20 und 23 bis zur Haltestelle Königsstuhl.

Ein wundersamer Ort — der Schlosspark Pansevitz

RÜGEN

von Janet Lindemann

»Er liebt mich. Er liebt mich nicht.« — Gedankenverloren zupfe ich an einem Gänseblümchen und spaziere durch den Schlosspark Pansevitz. Auch wer gerade keine Schmetterlinge im Bauch hat, wird auf der Liebesinsel im Park im siebten Himmel schweben. Herrlich erfrischend und belebend ist ein Spaziergang über die hölzerne Brücke zu der kleinen Insel im Wundersee. Ein romantischer Platz zum Innehalten und Lauschen, zum Träumen und Staunen. Wundersame Namen haben auch die anderen Teiche im 12 Hektar umfassenden Park im englischen Landschaftsstil: Schwanenteich oder Herz- und Nierenteich. Dazu kommen 35 Hektar angrenzender Waldpark. Selten gewordene dendrologische Schönheiten wachsen hier: Blutbuchen und die Kaukasische Flügelnuss. Alleen führen durch den Park. Mehrmals jährlich erklingen im Schatten hochgewachsener Bäume liebliche Melodien. Künstler gestalten Ausstellungen. Dichter lesen eigene Texte vor oder rezitieren Werke anderer Autoren. Menschen kommen zu Baummeditationen zusammen.

Das war nicht immer so. 1945 wurden die damaligen Besitzer, die Familie Graf zu Innhausen und Knyphausen, enteignet. Bäume und Sträucher wuchsen wild und die Teiche versanken in Schilf, Wasserdost und Erlengebüsch. 14.000 Kubikmeter Schlamm wurden später bei Instandsetzungsarbeiten zu Tage befördert. Auch das zum Park gehörende Gutshaus verfiel. Einheimische nutzten das vorhandene Material für die eigene Bautätigkeit. Geblieben ist eine Ruine aus Grundmauern, Treppentürmen und Gewölben.

Der Familie Graf zu Knyphausen ist es zu verdanken, dass der Schlosspark aus seinem Dornröschenschlaf geweckt wurde. Nach mehr als 50

Gut zu wissen:

Pansevitz 4, 18569 Kluis. Der Park ist ganzjährig geöffnet. Die Stiftung Schlosspark Pansevitz bietet Führungen und Veranstaltungen an, Tel. +49 (0)3838 313313, www.stiftung-schlosspark-pansevitz.de. Anreise: Mit den Buslinien 35, 37 und 38 bis Abzweig Gagern, dann 1,3 Kilometer zu Fuß weiter.

Jahren kaufte sie die 700 Jahre alte Parkanlage zurück und übergab sie an den Verein Insula Rugia. Heute kümmert sich die Stiftung »Schlosspark Pansevitz« um den Park und bewahrt die Gutshausruine vor dem weiteren Verfall. Seit Juli 2006 gehören 34 Hektar des Parks zum »FriedWald« Rügen, einem alternativen Bestattungsort. In diesen Teilen der historischen Anlage finden Menschen ihre letzte Ruhe. Noch zu Lebzeiten kann man sich hier seinen Baum aussuchen. Wer mehr über den Schlosspark wissen möchte, kann an kostenlosen Führungen teilnehmen.

Prora — Ruinen zum Nachdenken

von Gaia Born

RÜGEN

Jan Seidler, pädagogischer Mitarbeiter im Förderverein Dokumentationszentrum Prora, liegt das Museum des KdF-Seebades Rügen sehr am Herzen. (Anm.: KdF ist die Abkürzung der NS-Organisation »Kraft durch Freude«)

Jan, warum engagierst du dich so für das Dokumentationszentrum?

Das Dokumentationszentrum Prora ist die einzige museale Einrichtung in der Bundesrepublik zur Arbeits- und Sozialgeschichte im Nationalsozialismus. Wir können hier die Baugeschichte und die Ideologie, die hinter dem KdF-Seebad standen, sehr eindrücklich demonstrieren. Das fasziniert mich. Außerdem ist unsere Einrichtung vor 15 Jahren von engagierten Menschen aufgebaut worden, die sich gegen viele Widerstände durchsetzten mussten. Wir kämpfen noch heute um das Weiterbestehen, da möchte ich meinen Teil dazu beitragen.

Hast du einen Geheimtipp für unsere Leser?

Wer wirklich ermessen will, was die Nationalsozialisten hier geplant hatten, sollte die Gebäude mal ganz ablaufen oder mit dem Rad abfahren. Man kann das mit einer richtigen Kleinstadt mit 20.000 Urlaubern und Arbeitskräften vergleichen. Die Eingangshalle kann man von der Rückseite aus anschauen und bekommt einen Eindruck, wie die Urlauber in der 2.000 Quadratmeter großen Rezeption empfangen werden sollten. Auch die Rückseite des allerletzten Gebäudes des Seebades ist ein Geheimtipp, bis hierhin wäre das Seebad gegangen. Vielen, die hier vorbei kommen, ist nicht klar, dass erst hier der letzte Block ist.

Was passiert jetzt mit den Gebäuden?

Seit 2000 soll der Gebäudekomplex durch das Bundesvermögensamt verkauft werden. Damals sind auch

▶ Gut zu wissen:

Dokumentationszentrum Prora, Sandstraße 1, 18609 Binz, Tel. +49 (0) 38393 13991, www.proradok.de. Das Dokumentationszentrum bietet täglich Führungen über das Gelände an, auch mit dem Fahrrad. Anreise: Mit der RB bis Prora-Ost oder den Buslinien 20, 23 und 28 bis Prora-Poststraße.

alle hier ansässigen Künstler gekündigt worden. Auch wir haben keinen Mietvertrag, sind nur geduldet. Wir gehen zwar nicht davon aus, dass wir von heute auf morgen unsere Sachen packen müssen. Aber das ist durchaus möglich und denkbar. In einigen der Bettenhäuser entstehen gerade Luxusappartements. Das sehe ich kritisch, der ursprüngliche elitäre Gedanke des KdF-Seebades wird dadurch wieder aufgegriffen. Das ist schade, ich hätte mir mehr Projekte wie die Jugendherberge gewünscht, sie besetzt den Ort sehr angenehm, weil sie offen und erschwinglich für alle ist.

Middelhagen — ein typisches Mönchguter Dorf

von Nadine Förster

RÜGEN

Eingebettet in eine Landschaft aus Schilf- und Salzwiesen liegt das Dörfchen Middelhagen, für mich einer der schönsten Orte auf Rügen. In den letzten Jahren hat sich dieser Mönchguter Landstrich zwischen Äckern, Wiesen und Bodden mit den für die Region typischen rohrgedeckten Häuschen samt kleinen gepflegten Gärten und dem lebendigen, noch gut erhaltenen alten Dorfkern zu einem echten Schmuckstück entwickelt. Schön finde ich es vor allem am alten Gutsteich gleich hinter dem einzig erhalten Gutshaus Mönchguts. Zwischen hohen Bäumen und dem dichten Schilfgürtel finde ich immer ein lauschiges Plätzchen zum Träumen. Besonders angetan hat es mir hier ein alter Holzsteg, an dem gewöhnlich ein kleines Boot festgemacht liegt. Wenn die Vögel zwitschern, die Bäume rauschen und das Wasser ans Ufer plätschert, setze ich meine Gedanken und Wünsche in das Schiffchen und lasse mich wie die vorüberziehenden Wolken einfach davontreiben.

Middelhagen ist ein typisches Mönchguter Dorf. Die Pfarrkirche ist ein Zeugnis für das Erbe der Zisterziensermönche, die das Land einst nutzbar machten. Idyllisch schlummert der Kirchbau aus Feld- und Backsteinen zwischen den knorrigen Bäumen und dem Friedhof. Das erinnert an alte Tage, in denen das Leben noch langsamer lief. Und wenn ich hier auf einer der sonnigen Bänke Platz nehme und die Zeit einmal Zeit sein lasse, dann spüre ich die Magie einer längst vergangenen Epoche. Durch Middelhagen fließt auch eine künstlerische Ader. Ein ortsansässiger Künstler schafft fantastische Figuren aus Holz, Metall oder auch Glas, die sich harmonisch in die für die Region typische Architektur und Landschaft einfügen. Seit vielen Jahren

► Gut zu wissen:

Middelhagen liegt zwischen den Ostseebädern Göhren und Thiessow auf der Boddenseite, www.middelhagen.de. In Middelhagen unbedingt zu Kaffee und Kuchen ins Café »Zum Froschkönig« gehen. Anreise: Mit den Buslinien 20 und 24 bis Middelhagen.

wird Middelhagen auf diese Weise verschönert und kann immer wieder neu entdeckt werden.

Gleich hinter dem Ortsdeich und nur einen Steinwurf vom glitzernden Bodden, findet sich zudem noch ein bedeutendes technisches Denkmal, das mich schon seit meiner frühen Kindheit so sehr fasziniert, dass ich stets dachte, es wäre nur für mich erbaut worden. Das fast 15 Meter hohe Windschöpfwerk liegt an meinem absoluten Lieblingsradweg und ist ein markantes Wahrzeichen der Halbinsel Mönchgut.

Familiengeschichten auf der Seebrücke in Sellin

von Gastautorin Gabriele Hattwich

RÜGEN

Vor längerer Zeit habe ich in einem Album mit Familienfotos ein Bild meines Großvaters gefunden: Er steht mit langen schwarzen Hosen und weißem Hemd bekleidet auf der alten Seebrücke in Sellin in der Sonne. Hinter ihm ein Zeitungskiosk. Für den Scherl Verlag Berlin hat er diesen Kiosk auf der Seebrücke betrieben und jeden Sommer in Sellin verbracht. Das war Ende der zwanziger Jahre des vorigen Jahrhunderts.

Seit ich das weiß, fahre auch ich jeden Sommer einige Tage auf die Insel Rügen. Genau wie er damals, gehe ich heute die Prachtstraße von Sellin hinauf, an vielen inzwischen restaurierten und renovierten Strandvillen vorbei, bis ich an der großen Treppe stehen bleibe. Der Anblick lässt mich wie in jedem Jahr kurz den Atem anhalten, tief unten liegt der feine Sandstrand und die leuchtend weiße Seebrücke thront auf den blauen Weiten des Meeres.

Die erste Selliner Landungsbrücke wurde 1906 eingeweiht. Über die Jahre wurde sie durch Stürme und Eis immer wieder zerstört und wegen Vernachlässigung der Bausubstanz schließlich 1978 völlig abgerissen. Seit 1998 nach historischem Vorbild im Baustil der Bäderarchitektur wieder aufgebaut, ist sie nun Hauptattraktion und Wahrzeichen des Seebades Sellin.

Ich steige die große Treppe hinab, deren steile Stufen mich schließlich vom Hochufer hinunter zur Seebrücke und zum Strand führen. In meiner Hand halte ich das alte Foto. Es zeigt meinen Großvater vor seinem Zeitungsladen, der in den Sommermonaten jeden Morgen für die Urlauber geöffnet wurde. Die vielen Berliner Gäste konnten sich bei ihm »Die Woche«, »Die Gartenlaube« oder den »Berliner Lokalanzeiger« kaufen und mit dieser Lektüre ausgestattet einen erholsamen Tag im

► Gut zu wissen:

Seebrücke 1, 18586 Ostseebad Sellin, Tel. +49 (0)38303 929600, www.seebrueckesellin.de. Anreise: Mit der Schmalspurbahn Rasender Roland bis Sellin-Bahnhof und zu Fuß weiter, mit den Buslinien 20 und 24 bis Sellin-Granitzer Straße oder mit dem Schiff bis Sellin-Seebrücke.

Strandkorb verbringen.
Wie vor vielen Jahrzehnten herrscht auch heute auf der Seebrücke ein reger Betrieb. Ich verabschiede mich gedanklich aus der Zeit meiner Großeltern, setze mich an einen der freien Tische auf der Sonnenterrasse, bestelle mir einen großen bunten Eisbecher und wende mich dem heutigen fröhlichen Treiben der Urlauber zu. Eine frische Sommerbrise weht und ich nehme mir vor, einmal weit auf die Ostsee hinaus zu spazieren auf den hölzernen Planken der Seebrücke.

Von Hexenhaus und Stolpersteinen auf Hiddensee

von Janet Lindemann

HIDDENSEE

Hex, hex! Ein Hexenhaus auf Hiddensee, ja, das gibt es wirklich. Mit seinen 260 Jahren gehört es zu den ältesten Häusern auf der Insel und genießt Denkmalschutz. Alljährlich zum Tag des offenen Denkmals im September gewährt Hausherrin Sabine Reichwein Einlass in ihr kleines großes Reich. Spätestens dann sehen Besucher, dass Dach und Wände nicht aus Pfefferkuchen bestehen, sondern aus Reet und Lehm. An diesem Tag reicht die in Berlin-Wannsee wohnende Sabine Reichwein gemeinsam mit ihren Freunden Schmalzstullen, bietet Führungen an und erzählt Geschichten über das als Fischerkate erbaute Haus und seine Bewohner. Nur auf die Frage hin, wie das Hexenhaus zu seinem Namen kam, muss sie passen.

Mehrmals jährlich kommt die quirlige Großstädterin nach Hiddensee, um nach dem Rechten in ihrem gemütlichen, liebevoll eingerichteten Ferienhäuschen zu sehen. Der Vorraum besteht aus braunen Tonfliesen. Darauf steht eine blau bemalte Hochzeitstruhe. Eine Treppe führt zum Schlafraum hinauf. Die Küche ist offen und wird vom Wohnzimmerkachelofen mit Wärme versorgt. An einem Tisch am Fenster im Wohnzimmer sitze ich gern mit Sabine Reichwein zusammen. Wir frühstücken selbst gemachte Marmelade mit Früchten aus dem eigenen Garten. Den Tisch schmückt ein bunter Wiesenblumenstrauß.

Das Häuschen erhielt die 1941 geborene Frau des Hauses von ihrer Mutter Rosemarie, die es wiederum von ihrer Mutter, die Berlinerin Annemarie Pallat, bekam. Sabines Vater war der 1944 in Berlin-Plötzensee ermordete Pädagoge und Widerstandskämpfer Adolf Reichwein. Nur wenige Male konnte er im Hexenhaus unbeschwerte Ferientage mit seiner Familie verbringen. Zur Erinnerung an ihn wurde auf dem Inselweg vor dem Wiesengrundstück, auf dem sich das Häuschen befindet, ein

► Gut zu wissen:

Süderende 105, 18565 Vitte/Hiddensee, Öffnungszeiten: Alljährlich zum Tag des offenen Denkmals im September. Anreise: Mit dem Schiff oder dem Wassertaxi von der Insel Rügen oder Stralsund aus bis zum Hafen Vitte, dann zu Fuß weiter in Richtung Neuendorf.

Stolperstein errichtet. Das ist ein kleiner Gedenkstein, der an die Opfer des Nationalsozialismus erinnern soll und zum europaweiten Kunstprojekt von Gunter Demnig gehört. Insgesamt gibt es sechs dieser Stolpersteine auf Hiddensee. Der erste Stein wurde Henni Lehmann im Jahre 2008 zuteil. Die Malerin gründete 1919 auf der Insel mit weiteren Frauen den »Hiddensoer Künstlerinnenbund« und erwarb die Blaue Scheune als Ausstellungsort. Mit weiteren Stolpersteinen wird an die Malerinnen Clara Arnheim, Julie Wolfthorn, Käthe Löwenthal und Susanne Ritscher erinnert.

3

Essen & Trinken

Übersicht Scoutbeiträge

Restaurants, Gasthöfe und Cafés gibt es sicher viele auf Rügen und Hiddensee. Aber kulinarische Geheimtipps lässt man sich am besten von lokalen Kennern empfehlen. Bei wem gibt es fangfrischen Fisch und selbstgebackene Kuchen? Wer kocht heimische Spezialitäten aus regionalen Zutaten? Wo findet man kleine Manufakturen mit Produkten aus eigener Herstellung? Unsere Scouts wissen die Antworten auf all diese Fragen und mehr. Dieses Kapitel zeigt, wo regionales Obst und Gemüse ökologisch angebaut werden und das in historischer Kulisse, stellt die eineiigen Zwillingsschwestern vor, die mit viel Herz ihre leckeren Torten backen und zeigt eine wohl weltweit einmalige Spezialität — geflochtene Hornfischzöpfe. Guten Appetit. Für das leibliche Wohl ist gesorgt.

Frisch geflochten — Fischzöpfe in der Mönchguter Fischerklause

von Linda Holfeld

RÜGEN

Frischen Ostseefisch zu essen gehört bei einem Besuch auf Rügen dazu. »Doch wo bekommt man auf der Insel wirklich guten Fisch?« Eine Frage, die sich viele Gäste auf Rügen stellen und die ich auch schon einige Male gehört und gern beantwortet habe. Meine ganz persönliche Empfehlung für ein frisches Fischgericht, einfach, rustikal und hausgemacht, ist die »Mönchguter Fischerklause« im Ostseebad Thiessow. Um es vorweg zu nehmen, es gibt hier keine Terrasse, keinen Garten und keinen Blick aufs Meer. Gegessen wird in einem kleinen Wintergarten mit wenigen Tischen, auch im Sommer.

Anja und Torsten Jelinski betreiben ihre Fischerklause, einen reinen Familienbetrieb, mit viel Engagement. Hier wird nur Fisch verarbeitet, der auch aus Ostsee und Bodden kommt. Die heimischen Fischer aus Thiessow und Klein Zicker beliefern das Restaurant mit fangfrischem Fisch. So gibt es hier ganz saisonal die Heringstage, Zandertage oder Hornfischtage. Mein Lieblingsgericht ist das geflochtene Hornfischfilet, weltweit eine einmalige Spezialität. Denn der Hornfisch, ein sehr schmaler Fisch mit vielen Gräten, lässt sich eigentlich nicht filetieren. Torsten Jelinski wettete aus einer Laune heraus, er schafft es doch und nach einigem Üben hatte er den Dreh raus. Jetzt schneidet er die Filets von Hand und seine Frau Anja bereitet die kunstvollen, geflochtenen Fischzöpfe zu. Wie genau sie das machen, ist ein gut gehütetes Familiengeheimnis. Ich esse jedenfalls nie etwas anderes als geflochtenen Hornfisch, gebraten mit Tomaten und Zwiebeln, dazu frischen Kartoffelstampf und hausgemachten Rohkostsalat.

Torsten Jelinskis Leidenschaft für Fisch lässt ihn immer wieder neue Rezepte erdenken. »Ich esse selbst noch jeden Tag Fisch«, sagt er und das glaube ich ihm gern. Besonders

▶ Gut zu wissen:

Hauptstraße 48, 18586 Ostseebad Thiessow, Tel. +49 (0)38308 30397, Öffnungszeiten von Mai bis Oktober: Imbiss täglich ab 11.30 Uhr, Restaurant täglich 11.30 bis 15 Uhr und ab 18 Uhr. In der Saison muss man reservieren, um einen Tisch zu bekommen.

stolz ist er auf seine selbstgemachten Matjesfilets oder den Matjestartar. Den gibt es zusammen mit anderen frischen Fischsalaten oder Räucherfisch wie Lachs-Butterfisch-Spießen und Aal, Heilbutt und Welsfilet aus der eigenen Räucherei am Imbisswagen vor dem Haus. Hier am Räucherstand kann man sich tagsüber einen kleinen Imbiss holen und damit ein paar Schritte bis zum Wasser laufen oder, wie es viele machen, sich einfach auf die Wiese an der Bushaltestelle vor dem Haus setzen, wo Kater Max schon auf die leckeren Fischreste wartet.

Inselfrische in Poseritz

von Gaia Born

Wenn man wie ich in einer modernen Großstadt aufgewachsen ist, kauft man Milch im Supermarkt, verpackt in Tetrapacks oder eventuell in Glasflaschen. In Poseritz, einem kleinen Ort im Süden der Insel, tauchen immer wieder Leute mit allerlei Behältnissen auf. Wir folgen der Spur dieser Menschen mit ihren Flaschen und Eimerchen und landen vor einem himmelblauen Schwedenhaus, welches eine kleine Molkerei beheimatet. Hier in der Rügener Inselfrische kann man sich wie früher die frische Milch abfüllen lassen und mitnehmen.

Im gemütlichen Hofcafé gibt es allerlei Leckereien aus Milch aus eigener Produktion. Dass die Milch hier einfach so gut schmeckt liegt daran, dass sie nicht homogenisiert wird und damit auch wieder »aufrahmt«. Mit der Milch aus dem Supermarkt, die bei uns auf dem Tisch steht, hat das überhaupt nichts zu tun. Auch der Joghurt und die Buttermilch, die hier schonend und mit lebenden Kulturen zubereitet werden und Zeit haben zu reifen, schmecken einfach köstlich. Ich kann mir auf einmal wieder vorstellen, wie Milch mal zu Großmutters Zeiten geschmeckt haben muss. Im Hofcafé und auf der Sonnenterrasse, die in den hübschen Garten blickt, kann man sich gemütlich durch alle Milchprodukte probieren, vom gehaltvollen Quarkkuchen über die traumhafte Schokoladentorte und samtige Shakes bis zur Ofenkartoffel mit hauseigenem Kräuterquark reicht die Palette. Meine Tochter, sonst eine notorische Milchverweigerin, ist gar nicht mehr von ihrem Himbeershake wegzubekommen. Mein Mann vertieft sich genüsslich in den Verzehr seines Vanilletraum-Quark-Desserts. Und ich habe den überbackenen Frischkäse für mich entdeckt, der mit Paprika und Oliven herrlich frisch schmeckt. Entstanden ist die Molkerei 1998, später kam das einladende Hofcafé

▶ Gut zu wissen:

Poseritz Hof 15, 18574 Poseritz, Tel. +49 (0)38307 40429, www.ruegener-inselfrische.de, Öffnungszeiten: Mo. – Sa. 10 bis 18 Uhr. Auch im Angebot: Produkte aus heimischen Früchten wie Sanddorn oder Holunder. Anreise mit der Buslinie 30 bis Poseritz, zu Fuß bis Poseritz-Hof.

mit Wintergarten und schönem Blick auf den alten Streuobstgarten dazu. Dass auch die Kühe hier glücklich sind, schmeckt man: Sie dürfen täglich auf die Weide und haben einen modernen Stall. Und so werden hier jährlich rund 280.000 Liter Milch verarbeitet — ohne Hilfs- und Zusatzstoffe. Mittlerweile ist die Qualität der Produkte auch in vielen Restaurantküchen auf der Insel und einigen Supermärkten angekommen, schließlich können nicht alle Rügener täglich mit ihren Flaschen und Eimerchen nach Poseritz pilgern.

Gut Rosengarten

von Karsten Neubert

RÜGEN

»Gut Rosengarten« steht auf einem Schild und das macht uns neugierig. Am Ende des Weges stehen hohe Säulen links und rechts, dahinter öffnet sich ein wunderschöner, gepflegter Park und mittendrin die Ruine eines Herrenhauses. Ruhig ist es hier, ein kleiner Bach plätschert durch den Park, Vögel zwitschern in einer großen Volière, eine Katze liegt am Weiher und sonnt sich und seelenruhig spazieren einige Hühner und Pfauen vorbei. Wir folgen dem Federvieh und kommen an ein kleines Café versteckt inmitten blühender Rosen. Ein wunderbarer Platz, um bei Kaffee, selbstgebackenem Kuchen und frischen Säften die Stille des Ortes zu genießen. Zum Café gehört ein Hofladen, in dem Produkte des ökologischen Gutsbetriebes angeboten werden, den Joachim Berg führt. Regionale Gartenfrüchte und Kräuter werden angebaut, vergessene Gemüsesorten wieder kultiviert. Auf einer Streuobstwiese wächst heimisches Obst. Die Quittenallee duftet herrlich und aus den Früchten werden Konfitüren und Gelees in der eigenen Manufaktur hergestellt.

Joachim Berg setzt sich vor allem für den Erhalt des Denkmalensembles ein und dank ihm blühen nun auch wieder die Rosen auf Gut Rosengarten. 2002 begann er mit dem Ankauf der zerstückelten Grundstücke, um dem Gut seine alten Grenzen wieder zu geben. Der Park wurde mühsam von Müll und Schutt befreit, der alte Baumbestand gepflegt und zusammen mit Neuanpflanzungen entstand der denkmalgeschützte Landschaftspark nach altem Vorbild. Dazu kam sein Bioland-zertifizierter Landbaubetrieb mit Café und Hofladen, ein Hotel und Restaurant im alten Gutshaus sollen noch folgen. »Gut Rosengarten ist für mich einer der schönsten Flecken der Erde«, sagt Joachim Berg und arbeitet weiter an der Verwirklichung seines Traumes, das Gut aus seinem Dornröschenschlaf zu wecken und dem verwunschenen Ort mehr und mehr Leben einzuhauchen.

► Gut zu wissen:

Rosengarten 9A, 18574 Garz/Rügen, Tel. +49 (0)38304 828184, www.gut-rosengarten.de. Öffnungszeiten Hofladen & Café: April bis September, täglich 9.30 bis 17 Uhr, Oktober bis März nach Absprache.

3

Ein Weltenbummler in Binz

von Bianca Lohr

RÜGEN

Der Weltenbummler in Binz war genau eine Saison lang ein Geheimtipp, danach hatte sich bereits rumgesprochen, was für gutes Essen man hier bekommt — und dass dieses nicht nur mit Liebe gekocht, sondern auch mit sehr viel Charme serviert wird. Chef Sebastian wollte ursprünglich Lehrer werden, sein Leben verlief dann aber »etwas« anders. Nachdem er die Schule in Forst in der Lausitz vorzeitig verlassen hatte, machte er eine Kellner-Lehre in Ostfriesland und arbeitete zehn Jahre als Animateur und Theatertechniker beim Robinson-Club auf Fuerteventura, in Ägypten, Österreich, Mexiko und der Schweiz. Nun ist er Restaurantbetreiber in Binz, was nicht so ganz von ungefähr kommt.

Rügen war nämlich schon zu Kinderzeiten seine zweite Heimat, denn die Familie fuhr jedes Jahr hierher in den Urlaub. Erst nach Binz, dann aufs Mönchgut, wo ihn der Geruch der Salzwiesen zwischen Lobbe und Thiessow noch heute an die Zeit von damals erinnert. Später kam der begeisterte Wassersportler mit Freundin Carmen zum Surfen auf die Insel zurück und als sich den beiden 2009 die Möglichkeit bot, in Binz ein Restaurant zu eröffnen, entschieden sie sich den Schritt zu wagen. Die Räume waren sehr verschachtelt und es gab ihrer fünf an der Zahl. Fünf Räume gleich fünf Kontinente. Die Idee für den Weltenbummler war geboren.

So bunt wie Sebastians Leben ist auch das Speisenangebot geworden, angefangen bei der englisch-indischen Currysuppe Mulligatawny, über den spanischen Fleischeintopf Picadillo bis hin zu den argentinischen Steaks, für die das Restaurant inselweit bekannt ist. Aber auch deutsche Gerichte wie Labskaus und Grünkohl finden sich auf der Karte. Und nicht zu vergessen die Desserts! Mein Favorit ist seit Bestehen die Crème Brûlée, ohne die ich den Weltenbummler so gut wie nie verlasse, aber auch der Milchreis und

► Gut zu wissen:

Strandpromenade 42, 18609 Ostseebad Binz, Tel. +49 (0)38393 131308, www.weltenbummler-ruegen.de. Öffnungszeiten: Von Ostern bis Oktober täglich 12 bis 21.30 Uhr, im Winter verkürzte Öffnungszeiten. Anreise: Mit der RB bis Binz-Bahnhof oder den Buslinien 20 und 23 bis Binz-Ort.

die Whiskey Panna Cotta sind sehr empfehlenswert.

Apropos Whiskey, das ist die andere Passion des sympathischen Gastronomen. Aus 120 Sorten können die Gäste wählen, darunter Seltenheiten wie Octomore, Hazelburn und Kilchoman. Wer will, kann sein Gläschen auf der Terrasse mit Blick auf die vorbeiflanierenden Urlauber genießen oder aber ganz intim im Innenhof. Hier steht unter einer Platane nämlich einer der romantischsten Tische in ganz Binz — für alle, die mal ein Candle-Light-Dinner planen.

Wie uns im Museumshof Puddemin die Phantasie durchging

von Gabi Lorenz

RÜGEN

Gern sind wir in dem kleinen idyllischen Ort Puddemin mit seinem Hafen an der Südküste Rügens und genießen die einmalige Sicht auf das Puddeminer Wiek mit dem lagunenartigen Küstenstreifen. Wir lassen einfach die Seele baumeln und der Hündin ihre Freiheit. Doch kürzlich entdeckten wir auf der anderen Seite des Schilfgürtels Betriebsamkeit, einen Strandkorb und bunte Sonnenschirme. Außerdem meinten wir, einen himmlischen Geruch von Kaffee und selbstgebackenem Blechkuchen wahrzunehmen und wie von Zauberhand geführt, saßen wir nach zehnminütigem Fußweg im Hofcafé »Mäusewinkel«. In diesem winzigen Café, das zum Museumshof Puddemin gehört und direkt am Schilfgürtel mit Bauerngarten liegt, genossen wir eine köstliche Kaffeezeit mit tatsächlich frischgebackenem Kuchen. Natürlich grübelten wir über den Namen »Mäusewinkel« und erfuhren, dass ein Märchen von Ernst Moritz Arndt, welcher im Nachbarort Groß Schoritz sein Geburtshaus hatte, hier sein Märchen »Sieben bunte Mäuse« ansiedelte. Die ließen wir dann aus jedem Winkel und über Tisch und Bänke laufen und sahen ihrem fröhlichen Treiben zu. Das kleine historische Gemäuer ist sehr liebevoll hergerichtet und auch die Wirtin hatte ein traditionelles Kleid an, ein wenig waren wir an das berühmte Schokoladenmädchen erinnert.

Die Hofanlage, die seit mehreren Jahren aufwändig restauriert wird, ist kulturhistorisch sehr interessant. So pilgerte die heilige Brigitta von Schweden durch den kleinen Weiher und der Jacobsweg führt seine heutigen Pilger auf ihren Pfaden. Der Dreißigjährige Krieg, die

► Gut zu wissen:

Café Mäusewinkel im Museumshof Puddemin, Puddemin 15, 18574 Poseritz, Tel. +48 (0)157 71571933, www.puddemin.de, Öffnungszeiten: Do. – So. 12 bis 18 Uhr. Anreise: Mit der Buslinie 30 bis Puddemin.

Schwedenherrschaft, Feudalwesen und Leibeigenschaft bis zur jüngsten Geschichte wird hier im Museumshof zukünftig dargestellt werden. Die Ausstellungen dazu werden gerade entwickelt.

Nun komme ich tatsächlich ins Schwärmen und könnte weiter ausholen über den herrlichen Radweg zum Renaturierungsgebiet Üselitzer Wiek, zum kleinen Örtchen Swantow, mit seiner wunderbaren Backsteinkirche aus dem 15. Jahrhundert und dem Pfarrhofgarten mit den vier uralten Eiben. Ich liebe diese stille Landschaft im Süden Rügens und sie hat Einiges zu bieten.

Fischvariationen in Lauterbach

von Gaia Born

RÜGEN

Wenigstens einmal Fisch essen sollte man bei einem Besuch auf Rügen, schließlich ist es eine Insel und der Fischfang hat hier eine lange Tradition. Frisch sollte er sein und lecker, wie auf der »Dicken Berta«, einem hölzernen Fischerboot im Ruhestand. Das Räucherschiff haben wir in Lauterbach entdeckt, festgemacht im Hafen. Es bietet nicht nur Touristen frischen Räucherfisch, Fischbrötchen und Backfisch, auch Einheimische versorgen sich bei den netten Jungs von der Berta gern mit dem kleinen Imbiss zwischendurch. Kein Wunder, denn die Brötchen sind immer knackig, das Ambiente ist urig: Wer keinen Platz auf den rustikalen Holzgarnituren an Land vor der Berta gefunden hat, geht an Bord und setzt sich an den fischförmigen Tisch im Inneren des Schiffes. Seefest sollte man sein, auch ein Schiff im Hafen schaukelt auf dem Wasser und die Seemannslieder tun ihr Übriges.

Ein Stück die Straße hinunter liegt das Restaurant Seaside im Hotel Lauterbach. Das lockt auf den ersten Blick nicht mit vielversprechender Kulisse. Doch wer abseits der mondänen Seebäder gut essen möchte, wagt einfach mal einen Blick dahinter. Und einmal im Souterrain angekommen, stehen wir überrascht vor den festlich gedeckten Tischen und lassen uns in die weichen Stühle bugsieren. Im Nu liegt die Karte vor uns und wartet mit regionalen Köstlichkeiten und viel Fantasie auf: Da gibt es auch mal Brokkolischaum als kleinen Gruß der Küche vorab, das herrlich knusprige Brot tunken wir in edles Olivenöl und geräuchertes, grobes Salz aus England. Trotzdem ist die Küche nicht abgehoben: Küchenchef Martijn Elbersen nutzt nur frische Zutaten, lässt ihnen ihren natürlichen Charakter und macht sie dennoch zum Geschmackserlebnis. Dazu genießen wir noch ein wenig Event-Gastronomie:

► Gut zu wissen:

Räucherschiff Berta, Hafen Lauterbach, 18581 Putbus, Restaurant Seaside im Hotel Lauterbach, Dorfstraße 14, 18581 Putbus, Tel. +49 (0)38301 889970, www.hotel-lauterbach.net. Anreise: Mit der Schmalspurbahn Rasender Roland bis Lauterbach-Mole oder der Buslinie 31 bis Lauterbach-Hafen.

Die Suppe wird erst am Tisch in den liebevoll dekorierten Teller gegossen, als Beilage zeigt die Kartoffel, welche Variationen sie zu bieten hat. Aber unser Highlight ist der Nachtisch: Es gibt Schokoladenfondant, ein warmes Schoko-Küchlein mit flüssigem Kern, das auf der Zunge zergeht. Bei allen Annehmlichkeiten ist die Stimmung sehr entspannt und locker, wir würden uns auch in Radlerhosen willkommen fühlen. Satt und beschwingt verlassen wir das Restaurant, in dem Wissen, dass wir uns in guten Händen befunden haben.

Schillings Gasthof & Hofladen

von Bianca Lohr

Auf der Reise von der Insel Rügen nach Hiddensee kommt man unweigerlich in das beschauliche Fischerdörfchen Schaprode. Wer dort nur einen kurzen Spaziergang und vielleicht noch ein Eis auf die Hand vorgesehen hat, der sollte sich das noch mal gut überlegen und etwas mehr Zeit einplanen. Direkt im Hafen befindet sich nämlich ein höchst liebenswerter Gasthof, in dem es sich gar trefflich die Hektik des Alltags vergessen lässt: Schillings Gasthof.

Schon früher kehrten hier illustre Persönlichkeiten auf dem Weg in die Sommerfrische ein; Fotos von Asta Nielsen, Gret Palucca und Günther Grass an den Wänden zeugen von der ruhmreichen Geschichte des Lokals. Vier Familien haben den Gasthof in den fast 200 Jahren seines Bestehens geführt, seit dem Sommer 2011 sind es Nicolle und Mathias Schilling.

Mathias Schilling ist studierter Landwirt und seine Familie kommt von Rügen, genauer gesagt von der kleinen Insel Öhe, die dem Gasthof direkt gegenüber liegt und seit dem 14. Jahrhundert in Privatbesitz ist. Aufgewachsen ist er in Schleswig-Holstein, aber als sich ihm und seiner Frau 2006 die Möglichkeit bot, den Familienbesitz zu übernehmen, haben sie das Abenteuer gewagt und die 75 Hektar große Insel, die nur per Mini-Fähre zu erreichen ist, zu ihrer neuen Heimat erkoren. Hier leben sie nun mit 140 Rindern und 60 Heidschnucken, die Sommer wie Winter auf den saftigen Salzwiesen grasen und sozusagen die Basis der Speisekarte im Restaurant bilden. Weit vorn auf der Beliebtheitsliste der Gäste stehen entsprechend der Burger und das Wiener Schnitzel vom Bio-Öhe-Rind, auf der Tageskarte finden sich aber je nach Saison auch Hering, Steinbutt, Barsch oder Hornfisch — frisch von den Kutterfischern im Hafen. In Schillings Gasthof kann man freilich nicht nur gut essen, sondern auch die Seele baumeln lassen.

Gut zu wissen:

Hafenweg 45, 18569 Schaprode, Tel. +49 (0)38309 1216, www.schillings-gasthof.de. Öffnungszeiten: Ostern bis Oktober täglich 12 bis 23 Uhr, im Winter verkürzte Öffnungszeiten. Anreise: Mit der Buslinie 35 bis Schaprode.

Alles ist liebevoll eingerichtet und man fühlt sich vom ersten Moment an wohl, was nicht nur am nostalgisch angehauchten Ambiente des Gastraums liegt, sondern auch an der herzlichen Art der Gastgeber. Und für alle, die doch nur Zeit für eine kurze Stipp-Visite haben, gibt es zum Glück den kleinen Hofladen, wo neben Rügener Spezialitäten auch selbstgebackener Kuchen und natürlich die beliebten Öhe-Produkte verkauft werden: Knacker, Salami, Pasteten, Rinder-Rillette. Probier dich einfach quer durchs Sortiment, es schmeckt alles!

Kaffeeklatsch im Café Klatsch im Ostseebad Baabe

von Nadine Förster

RÜGEN

Gleich hinter der Düne am Kurpark im Ostseebad Baabe führen die Zwillingsschwestern Andrea und Dorina Franz ihr Café Klatsch mit viel Herz und Hingabe und haben sich damit einen Traum erfüllt. Gleich bei meinem ersten Besuch hier habe ich mich in das Café und seine freundlich-fröhlichen Betreiberinnen verliebt. Und in der Tat, die Kuchen und Torten sind absolut einmalig. Täglich gibt es bis zu 15 verschiedene Sorten zur Auswahl. Spricht man die Schwestern auf ihre Leckereien an, berichten sie stolz: »Unsere Kuchen und Torten werden jeden Tag aus besten Zutaten selbst gebacken«. Der Favorit des Hauses, und zweifelsohne auch meiner, ist die herrliche Bernsteintorte, eine lokale Spezialität mit lockerem Quark und knusprigem Baiser obenauf. Zum Angebot gehören auch fast 60 Teesorten, besonders fein ist übrigens der weiße Tee, sowie leckere Kaffee- und heiße Schokoladenvariationen.

Dass das Café sich großer Beliebtheit erfreut, sieht man vor allem an den bestens belegten Außentischen auf der sonnigen Terrasse, auf der man ganz bequem auf Fellkissen mit Kuscheldecken sitzen kann. Nach kurzer Wartezeit bekommt man selbst in der Hauptsaison noch einen Platz und das lohnt sich auf jeden Fall. Ich persönlich komme gern mit Freunden, Gästen oder Familie ins Café Klatsch. Bis jetzt haben sie alle, ob Kuchenfan oder Kuchenmuffel, ihre ganz persönliche Gaumenfreude gefunden und dieses gemütliche Café ganz begeistert wieder verlassen. Wer einmal hier war, kommt gerne wieder. So ist das Café Klatsch heute sicher kein Geheimtipp mehr auf Rügen, aber ein fröhlicher Ort zum geselligen Kaffeeklatsch.

► Gut zu wissen:

Am Kurpark 2, 18586 Baabe, Tel. +49 (0)172-3027058, www.baabe-cafeklatsch.de, Öffnungszeiten: Mi. – So. 12 bis 18 Uhr (November & Wintermonate geschlossen, ausgenommen Weihnachten/Silvester). Anreise: Mit der Schmalspurbahn Rasender Roland oder den Buslinien 20 und 24 bis Baabe.

Sanddorn-
Schnitte

Ein Sommerpalast auf Hiddensee

von Janet Lindemann

Wie mag es wohl in diesem Stübchen aussehen? Und wer mag darin wohnen? In dem weißen Häuschen am Norderende von Vitte, leuchten im Winter in haushohen Fenstern Kerzen und Sterne, im Kamin brennt das Feuer und Kinder spielen auf einer roten Samtcouch. Vor dem Haus ist eine hölzerne Terrasse, davor steht eine prächtige Platane, dahinter Kiefernwald und der weite Ostseestrand.

Eines Sommers stand die Seitentür des gemütlichen Stübchens neben der Bernsteinwerkstatt von Ingolf Engels offen. Und nicht nur mir, sondern allen Neugierigen. Kuchenduft wehte uns hinein. In hölzernen Regalen lagen allerlei Spielzeug, Genähtes, Geringeltes, Hiddensee-Bücher und -Karten. Es roch nach frisch gemahlenem Kaffee und selbstgebackenen Leckereien. Der Raum schien bei genauem Betrachten so herrlich unfertig und alles andere als fein herausgeputzt. Die Wände waren uneben, der Boden bestand aus Grobspanplatten, Holztüren und Fenster waren nur zum Teil abgeschliffen. Doch gerade das war es, was mich faszinierte. Hier schien jemand mit viel Liebe, Geduld und Herzlichkeit einem sanierungsbedürftigen Bau ein neues Leben zu schenken. Ganz langsam und behutsam. Wie ich später erfuhr, einem berühmten Bau. Denn in diesem Haus spielt der Roman »Hiddensee«, den der Rostocker Autor Adolf von Wilbrandt 1910 veröffentlicht hat. Als »Sommerpalast« ist das weiße Haus, eigentlich die um 1880 erbaute »Villa Antoinette«, in die Geschichte eingegangen.

In liebevoller Kleinarbeit und mit Hilfe vieler Freunde sind die heutigen Bewohner Almut Stier und Lou seit mehr als fünf Jahren bemüht, das Haus wieder als Som-

Gut zu wissen:

Norderende 156, 18565 Vitte/Hiddensee, Tel. +49 (0)38300 603951, www.sommerpalasthiddensee.de, geöffnet von Frühjahr bis Herbst. Anreise: Mit der Fähre nach Vitte und zu Fuß vom Hafen auf dem Inselweg in Richtung Kloster, auf Hiddensee verkehrt montags bis freitags der Inselbus.

merpalast erstrahlen zu lassen. Nach und nach wird es saniert, das Angebot im Lädchen um weitere handgefertigte, meist regionale Produkte wie maritime Kleidung oder Spielzeuge erweitert. Seit Sommer 2015 gibt es nun auch selbstgemachtes Eis mit Inselfrüchten. Das schmeckt am besten im Schatten der Platane auf der Terrasse vor dem Haus. Von hier aus kann man seinen Blick ganz wunderbar in Richtung Kloster und über blühende Sommerwiesen schweifen lassen und dabei Pferdegetrappel lauschen — wie zur guten alten Zeit.

4

Flora & Fauna

Übersicht Scoutbeiträge

Wunder der Natur gehören zu den größten Schätzen Rügens und Hiddensees. Dazu zählen das alljährliche Konzert der Kraniche, die langsame Rückkehr der Kegelrobben, die majestätischen Kreideküsten und die alten Buchenwälder. Unsere Scouts teilen in diesem Kapitel ihre ganz besonderen Naturerlebnisse mit dir. Eine Robbenexpedition im Dienste der Wissenschaft bringt dich ganz nah an die Tiere und ein steinernes Meer birgt noch die Schätze der Kreidezeit. Den größten Findling der Ostseeküste kann man auch unter Wasser erkunden und in eisigen Wintern lässt sich am südlichsten Zipfel Rügens ein seltenes Naturphänomen beobachten. Die reiche Tier- und Pflanzenwelt der Inseln zeigt eindrucksvolle Naturschauspiele im Wandel der Jahreszeiten.

Fossiliensuche an den Kreidefelsen

von Nadine Förster

RÜGEN

Die Halbinsel Jasmund ist berühmt für ihren Nationalpark mit den bekannten Kreidefelsen und die alten Buchenwälder, die zum UNESCO Weltnaturerbe gehören. Auch unterhalb der Kreidefelsen am steinigen Strand lassen sich archaische Zeugnisse der Inselgeschichte finden, wenn man sich auf eine spannende Fossiliensuche begibt. Die Fossilien, die man unterhalb der berühmten Wahrzeichen findet, sind uralte Zeugen unserer Vorzeit. Sie zeigen Überreste von Lebewesen oder auch deren Spuren, waren über Jahrmillionen in der Kreide eingeschlossen und werden nun durch Wind und Wetter, Jahr um Jahr wieder von den weißen Felswänden freigegeben.

Am liebsten starte ich die Suche entlang der Strandpromenade in Sassnitz, die direkt zum steinigen Strand unterhalb der Kreideküste führt. Versteinerungen wie Donnerkeile, Seeigel, Dickschalenmuscheln oder Seelilienstengel wollen gefunden werden. Hat man einmal begonnen zu suchen, ist Zeit und Raum schnell vergessen. Die Augen suchend am Boden, mache ich nur noch kleine Schritte, grabe und wühle nach den kleinen Schätzen, das Sammelfieber hat mich gepackt. Einige Sammler sind heute unterwegs, manche haben sogar professionelle Werkzeuge dabei. Ich habe Glück, ich finde Donnerkeile, das sind versteinerte Skelettenden der Kopffüßer und Hühnergötter, Feuersteine mit einem durchgehenden Loch. Mit sehr viel Glück kann man den berühmten »Sassnitzer Blumentopf« finden. Der Feuerstein, der einem Riesenhühnergott gleichkommt, hat eine kreisrunde Öffnung, die entweder noch mit Kreide gefüllt ist oder bereits von der Ostsee ausgewaschen wurde. Früher diente der Stein, wie der Name schon sagt, in den Vorgärten Jasmunds als individueller Blumentopf.

Wenn man dann doch mal kurz aus diesem unendlichen Meer von

Gut zu wissen:

Ausgangspunkt der Wanderung ist die Strandpromenade in 18528 Sassnitz. Geführte Touren: Tel. +49 (0)151 25807406, www.inselentdecker.com, Anreise: Mit der Buslinie 18 bis Sassnitz-Bergstraße, dann zu Fuß weiter oder mit dem Schiff bis Sassnitz-Hafen.

Steinen auftaucht und sich umsieht, umfängt einen die Schönheit dieser einzigartigen Landschaft auf ganz wundersame Weise. Die weißen Klippen der Kreideküste leuchten, obenauf thronen die beeindruckenden Buchenwälder. Ich bin fasziniert und es ist fast zu schade, mit gesenktem Kopf weiterzugehen. Es werden auch geführte Touren unter fachkundiger Leitung angeboten. Zusammen mit einem Naturführer können Gäste abseits der üblichen Touristenpfade wandern und suchen, jedem Teilnehmer wird ein Fossilienfund garantiert.

In Tankow auf Ummanz — wo die Kraniche schlafen

von Janet Lindemann

RÜGEN

Wenn der Kranich unsere Küstenregion ansteuert, dann freuen wir uns auf ein besonderes Naturschauspiel. Von den zehntausenden Kranichen, die sich alljährlich im Herbst an der Ostseeküste einfinden, verbringt ein Großteil den Tag auf vorpommerschen Feldern. Während die majestätischen Schreitvögel im Frühjahr nur kurze Zeit in der Rügen-Bock-Region verweilen, bleiben sie im Herbst bis in den November hinein, um sich für den Weiterflug in die südlichen Winterquartiere zu stärken. 300 Gramm Körnernahrung benötigen die Kraniche täglich. Zu ihrem bevorzugten Kraftfutter zählt Mais. Auf abgeernteten Feldern können wir sie tagsüber sehen.

Wunderbar beobachten lässt sich der abendliche Einflug der Kraniche zu ihrem Nachtquartier in der Udarser Wiek von einer massiv gezimmerten Aussichtsplattform im Örtchen Tankow auf der Insel Ummanz — ein spektakulärer Beobachtungspunkt, wenn sich der weite Himmel blutrot bis lila färbt und die Vögel des Glücks laut trompetend zu ihren Schlafplätzen im sandigen Spülsaum gleiten. In den seichten Boddenbuchten, den überschwemmten Wiesen und auf den futterreichen Feldern der Insel Ummanz finden die Kraniche hervorragende Bedingungen vor. Stören sollte man die scheuen Großtiere nicht. Denn der mit dem Auffliegen der sich sammelnden Kraniche verbundene Energieverbrauch zehrt an den Fettreserven,

► Gut zu wissen:

Die Aussichtsplattform in Tankow ist rund um die Uhr geöffnet. Geführte Kranichtouren: Ummanz-Info, Neue Straße 63a, 18569 Waase/Ummanz, Tel. +49 (0)38305 53481, www.ruegeninsel-ummanz.de. Anreise: Mit der Buslinie 38 bis Waase, dann zu Fuß weiter in westlicher Richtung nach Tankow.

4

die dringend für den Weiterflug benötigt werden.
Wir nehmen am liebsten kurz vor dem Sonnenuntergang auf dem hölzernen Ausguck Platz, mit einem Fernglas und einer Thermoskanne heißen Tee und warten auf den Einflug der Kraniche.

Und noch zwei Tipps zu guter Letzt: Ein ebenfalls bedeutendes Nachtquartier für die Großvögel ist die nahe gelegene Vogelinsel Liebitz im Kubitzer Bodden. Von den Häfen Schaprode und Breege aus werden im Herbst auch Kranichfahrten zu den Schlafplätzen angeboten.

Der Buskam — größter Findling der deutschen Ostseeküste

von Nadine Förster

RÜGEN

Einem Walrücken, der sich gemächlich aus dem Ostseewasser schiebt, ähnelt der vor Rügens Küste liegende Findling namens Buskam. Als größter seiner Art in Norddeutschland hat er sich in den Fängen eines eiszeitlichen Gletscherstroms auf den langen Weg aus Richtung Norden gemacht und ist an markanter Stelle in der Ostsee zum Erliegen gekommen, nur etwa 350 m entfernt vom Strand des Ostseebad Göhrens. Von jeher ranken sich Mythen und Sagen um den mächtigen Granitstein. So sollen sich hier in der Walpurgisnacht die Hexen auf ein Tänzchen treffen und zur Sommersonnenwende die Rügenschen Seejungfern tummeln, die jeden, der sie zu erblicken vermag, auf immer und ewig hinab in die Tiefen der Ostsee ziehen. Möglicherweise als »Gottesstein« von den alten Slawen verehrt, soll der Buskam schon in der Bronzezeit als Kultstätte genutzt worden sein. Überliefert wurde auch, dass er Hochzeitsgesellschaften, die in Booten anreisten, zum traditionellen Reigentanz diente.

Am liebsten suche ich den Buskam auf Wanderungen rings um das Göhrener Nordperd auf. Sowohl vom Strand, als auch vom wunderschönen Hochuferwaldweg bieten sich fantastische Blicke auf den Riesen, der in den Ostseewellen ruht. Heute versammeln sich auf dem Findling vor allem Wasservögel, die bei einer leichten Brise ihre Flügel entspannt in der Sonne trocknen. Hin und wieder verirrt sich in den Sommermonaten aber auch mal ein Schwimmer hinaus zum Stein und wer es richtig spannend mag, dem empfehle ich einmal ganz abzutauchen. Tauchausflüge in die fischreiche Unterwasserwelt rund um den Buskam, von dem man übrigens immer noch nicht weiß wie groß er wirklich ist, werden professionell geführt angeboten.

Wer hofft, irgendwann einmal Hand an den Buskam zu legen, ohne sich

► Gut zu wissen:

Der Buskam liegt, vom Land aus, auf der rechten Seite der Seebrücke am Nordstrand in Göhren, 18586 Ostseebad Göhren. Anreise: Mit der Schmalspurbahn Rasender Roland, den Buslinien 20 und 24 bis Göhren-Bahnhof oder mit dem Schiff bis Göhren-Seebrücke.

nasse Füße zu holen, dem rate ich geduldig zu sein. Denn in bitterkalten Wintern, wenn die Winde günstig stehen und die Ostsee unter kristallklarer Luft knackend erstarrt, gibt sie mit etwas Glück den Weg über ihr Eis zum »Gottesstein« für jedermann frei. Wir Einheimischen sind sehr stolz auf unseren Findling, so dass wir eine der wichtigsten Feierlichkeiten »Das Buskamfest« im Ostseebad Göhren nach ihm benannt haben. Bei Musik und Höhenfeuerwerk wird hier dann so manche Sommernacht buchstäblich zum Tag gemacht.

Putbus — die Stadt der Rosen

von Gaia Born

Interview mit Gerhard Prill, Rosendoktor der Stadt Putbus — die weiße Stadt der Rosen.

Was bedeutet die Rose für Putbus — und was für Sie?
Die Rose ist schon fast seit der Stadtgründung 1810 fest in das Stadtbild integriert. Damals verordnete Fürst Wilhelm Malte zu Putbus, dass alle Gebäude weiß zu streichen und davor Rosen zu pflanzen seien. Seither gehört die Rose einfach zu Putbus — alte Putbusser erzählen mir, dass selbst im Krieg Rosen gestanden haben, die waren aber bestimmt nicht so prächtig, wie unsere Rosen heute. Viele Menschen kommen nur wegen der Rosen nach Putbus. Ich kümmere mich mit einigen Freiwilligen um über 666 Rosensorten hier im historischen Altstadtkern, alles ehrenamtlich. Angefangen habe ich damals mit den Rosen vor meinem Haus, ich bin gelernter Baumschulgärtner.

Warum ist die Orangerie ein guter Ort, um Rosen zu entdecken?
Hier findet sich unsere Stadtrose »Putbus«, sie ist eine von 30.000 Rosensorten auf der ganzen Welt. Wir haben sie innerhalb von acht Jahren neu gezüchtet, sie ist eine wunderschöne, leicht duftende Rose mit mittelgroßen roten Blüten. Außerdem ist sie wetterhart und frostfest, das ist wichtig für den Winter hier auf Rügen. Zur Taufe der Rose haben wir hier in der Orangerie ein eigenes Rosenbeet angelegt. Außer der Rose »Putbus« haben wir hier auch die Rosen unserer Partnerstadt Eutin gepflanzt. Und wer möchte, kann sich hier eine Hochzeitsrose setzen lassen oder selbst eine besondere Rose pflanzen. Die Pflege übernimmt dann die Stadt.

► **Gut zu wissen:**

Orangerie Putbus, Alleestraße 35, 18581 Putbus. Bei einem Spaziergang um den Circus und am Markt kann man die unzähligen Rosenstöcke in Putbus bewundern. Anreise: Mit der Schmalspurbahn Rasender Roland und den Buslinien 30 und 31 bis Putbus-Bahnhof oder Putbus-Circus (Bus).

Über 666 Rosensorten gibt es in ganz Putbus — wie hält man die auseinander?

Das ist gar nicht so leicht. Wir wissen von rund 90 bis 95 Prozent aller Rosen, welcher Sorte sie angehören. Einige Rosen wurden mit QR-Codes versehen. Über das Handy kann man sich dann die Informationen zu den Rosen anzeigen lassen. Die Schönheit der Rosen wirkt aber auch ganz ohne Hintergrundwissen. Und jeder Besucher kann sich beteiligen: Wir prämieren einmal im Jahr die drei schönsten Rosen von Putbus.

Die Feuersteinfelder — ein steinernes Meer

von Nadine Förster

RÜGEN

Vor circa 3.500 bis 4.000 Jahren formten sich die Rügener Feuersteinfelder mithilfe von Sturm, Wasser und mächtiger Meeresströmung im Nordteil der Schmalen Heide zwischen dem heutigen Mukran und Prora. Ursprünglich stammt das Feuersteingeröll aus dem Jasmunder Kreidekliff und wurde durch Wind und Wetter freigewaschen, um dann durch Sturmfluten wieder angespült zu werden. Ein Vorgang, der mir, wenn ich die immense Größe dieser Felder (circa 40 ha) betrachte, eine Ahnung gibt, welche Naturgewalten hier einst freigesetzt wurden.

Schon als Kind bin ich oft mit meinen Eltern zu den steinzeitlichen Geröllwällen gewandert, um das riesige Meer aus grau-weißen Steinen nach kleinen Schätzen zu durchsuchen. Besonders die Hühnergötter hatten es mir damals wie heute angetan. Sie gelten als Glücksbringer und lassen sich durch das charakteristische Löchlein wunderbar als Kette tragen. Früher glaubte man, dass der Hühnergott als Beigabe im Hühnernest größere Eier bescherte.

Erdgeschichtlich sind die Rügener Feuersteinfelder ein äußerst interessanter Ort. Das Steinerne Meer, das heute von Sträuchern und Büschen gesäumt ist, steht seit 1935 unter Naturschutz. Der heutige wild-romantische Kiefernwald wurde als Küstenschutzmaßnahme angepflanzt und breitet sich immer weiter aus. Damit die Steinfelder nicht »überwalden«, werden sie von Naturschützern freigehalten. So wird die einmalige Steinlandschaft bewahrt und bietet auch zukünftigen Gästen mit ihrem bizarren Anblick ein eindrucksvolles Naturerlebnis.

► Gut zu wissen:

Die Feuersteinfelder liegen in der Schmalen Heide, westlich der L29 zwischen 18609 Binz OT Prora und 18546 Sassnitz OT Neu Mukran. Anreise: Mit den Buslinien 20 und 23 bis Proraner Heide. Parkplätze liegen an der L29.

4

Naturspektakulum am Palmer Ort – wie die Ostsee Berge versetzt

von Gabi Lorenz

RÜGEN

Wir, die auf Rügen leben und arbeiten, haben es täglich, das Meer. Könnten, wann immer wir wollen, den Horizont nach Schiffen absuchen, der Melodie der Wellen lauschen, Löcher in die salzige Luft schauen. Uns an heißen Tagen in die Ostseefluten werfen oder zumindest ins flache Gewässer der urigen Boddenbuchten. Machen wir aber nicht. Genauso wenig wie die Städter all ihre Kulturangebote oder Cafés täglich besuchen. Aber es gibt eine Zeit, da müssen wir zum Strand nach Palmer Ort fahren.

Die Insel ist im Ruhemodus. Die kleinen Häuschen sind geschmückt, in den Vorgärten erstrahlen Bäume im Lichterglanz. Ab November bis in den nahenden Frühling. Die Menschen machen es sich heimelig und erfreuen auch die Nachbarn, Vorbeifahrende und uns. Ein wenig wie in Watte gepackt erscheint die Insel dann. Touristen halten sich meist nur noch in den großen Badeorten auf, in einem Hotel mit Sauna. Es ist eisig kalt, der Bodden und die Ostsee sind zugefroren. Bestenfalls hat es die vergangenen Tage geschneit und die Insel ist nur noch zauberhaft, atemberaubend schön. Dann kommt ein lausiger Wind, ein wenig Tauwetter. Und schließlich beginnen sich am Zugang zwischen Ostsee und Greifswalder Bodden die losen Eisschollen durch den Sturm am Strand aufzuschichten. Ein seltenes Naturphänomen am Strand von Palmer Ort.

Wir beobachten dieses besondere Wetter und fetten schon mal die dicken Filzstiefel, der Glühwein wird gekocht und los geht es auf die Halbinsel Zudar. In Maltzien, Richtung Grabow, geht die Straße in einen Plattenweg über und nun ist die Autofahrt schon ein Erlebnis, weil plötzlich hunderte von Schaulustigen diesen Weg nehmen. Es gibt nur diesen einen

► **Gut zu wissen:**

Der Palmer Ort ist der südlichste Punkt der Insel Rügen. Durch bestimmte Wettervoraussetzungen stapeln sich hier im Winter Eisschollen von mehreren Metern Höhe. Anreise: Bis Maltzien fährt der Bus 33, dann geht es nur zu Fuß weiter.

4

und hat der Schneeflugfahrer kein Erbarmen und keine Überholbuchten freigeschoben, kommt man schon das erste Mal ins Schwitzen, denn eine Schneewehe ist hoch. Aber angekommen ist die Belohnung grandios. Wenn dazu noch die Sonne scheint und der Wind seine Arbeit getan hat, ist der Anblick der gestapelten Eisschollen am Strand pures Glück. In jedem Winter wünschen wir uns dieses Spektakel, selten wird uns dieser Wunsch erfüllt. Aber die Bilder vergangener Naturschauspiele erhalten die Vorfreude auf das nächste Mal.

Expedition zu Rügens Robben im Greifswalder Bodden

von Nadine Förster

RÜGEN

Als ich am frühen Morgen auf das Schiff stieg, das mich zu den Liegeplätzen der Robben bringen sollte, lag die See ruhig da. Ein großes Glück, denn bei gutem Wetter, wenn die Ostsee nicht so aufgewühlt ist, kann man ganz nah heranfahren und die drolligen Meeresbewohner beobachten. Ich war sehr gespannt und voller Vorfreude, denn schon lange wollte ich diese seltenen Tiere einmal aus nächster Nähe sehen.

Eine Tour zu den Robbenbänken Rügens ist etwas Besonderes. Die Kegelrobben sind erst seit kurzer Zeit wieder in die südliche Ostsee zurückgekehrt. Lange gejagt und fast komplett verschwunden, haben diese gutmütigen Tiere mithilfe der umfangreichen Schutzmaßnahmen ihren einstigen Lebensraum zurückerobert und können nun auf der einzigen vom Bundesamt für Naturschutz (BfN) lizensierten Expedition beobachtet werden. Nimmt man als Gast an der Tour teil, wird man Teil des Monitoring-Forscherteams und leistet einen wichtigen Beitrag zum Robbenschutz, denn die auf der Tour gesammelten Daten werden dem Biosphärenreservat Südost-Rügen und dem BfN zur Verfügung gestellt. Größe und Entwicklung der Robbenpopulation können so besser nachverfolgt werden und die Untersuchungen belegen, dass die Zahl der Tiere rund um Rügen zugenommen hat.

Es ist abenteuerlich mit einem Forschungsschiff in See zu stechen. Bewaffnet mit meinem Fernglas halte ich Ausschau und lausche den interessanten Erklärungen des jungen wissenschaftlichen Teams an Bord. Und siehe da, ich sehe tatsächlich einige Robben. Selbst aus einer größeren Distanz kann ich sehen, welche Kraft und Eleganz diese wunderschönen Geschöpfe in sich vereinen. Wir fahren näher heran, achten aber darauf, die Tiere nicht zu stören.

► Gut zu wissen:

Geführte Robben-Expeditionen finden von Mai bis Oktober jeweils Montag und Donnerstag 9.30 Uhr ab Hafen Lauterbach statt. Tel. +49 (0)3831 26810, www.discover-ruegen.org/robben-expedition. Anreise: Mit der Schmalspurbahn Rasender Roland oder den Buslinien 30 und 31 bis Lauterbach-Hafen.

Manche Robben sind neugierig und kommen sogar auf das Schiff zu geschwommen. Beeindruckt haben mich dann vor allem die imposanten Robbenbullen, die bis zu 2,3 Meter lang und bis zu 310 Kilogramm schwer werden. Ein unglaubliches Erlebnis. Mein persönlicher Tipp für eine gelungene Robbentour ist die Fahrt bei niedrigem Wasserstand und schwachem Wellengang! Dann liegen die zentralen Plätze der Robben teilweise im Trockenen. So hat man beste Chancen, die friedlichen Säuger in voller Pracht zu sichten.

5

Kunst & Kultur

Übersicht Scoutbeiträge

Seit Jahrhunderten zieht es Künstler an die Ostsee. Das Meer, die Weite, das besondere Licht und die ursprüngliche Natur inspirierten Maler, Musiker und Schriftsteller damals und heute. Es gibt viele Orte auf den Inseln, wie geschaffen als Nährboden künstlerischen Schaffens. Ein heimischer Landschaftsmaler kommt zu Wort und ein Künstlerpaar lässt aus Treibhölzern Unikate entstehen. Die Subkultur feiert Musikfestivals in Gärten unterm Sternenhimmel und feine Galerien präsentieren ausgesuchte Kunst im klassizistischen Kronprinzenpalais. Unsere Scouts begeben sich auf Spurensuche und folgen den Wegen des Malers und Grafikers Lyonel Feininger auf Rügen. Auf Hiddensee werden die Lieblingsorte des Schriftstellers Joachim Ringelnatz aufgespürt.

Bild S. 97: Ostseebad Sellin

Mit dem Rad auf den Spuren Lyonel Feiningers

von Janet Lindemann

RÜGEN

Nicht nur Maler Caspar David Friedrich, sondern auch der deutsch-amerikanische Karikaturist, Maler und Grafiker Lyonel Feininger (1871 bis 1956) liebte die Insel Rügen. Bevor er seine Sommermonate auf der Insel Usedom und in Deep in Pommern verbrachte, zog es ihn auf die Insel Rügen, genauer nach Mönchgut. Im Jahr 1892 besuchte er diesen Landstrich im Südosten das erste Mal. Er war begeistert von diesem enormen Licht und der Küstenlinie und fing an, zu skizzieren. »Sieben bis acht Stunden skizzierte Feininger täglich im Freien«, weiß Dörthe Uloth.

Die Lehrerin im (Un-)Ruhestand führt kunst- und naturinteressierte Inselgäste in den Sommermonaten mit dem Fahrrad von Baabe über Sellin und Seedorf über Alt Reddevitz bis hin zum Lobber Höft. Halt macht sie an Orten, an denen Naturzeichnungen entstanden sind und vergleicht sie dort mit der heutigen Landschaft. Die Radtouren sind 30 bis 40 Kilometer lang und dauern je nach Interessen der Teilnehmer ungefähr vier bis fünf Stunden. »Feininger war zwar ein begeisterter Radrennfahrer«, erzählt sie, auf der Insel sei er allerdings wandernd oder mit dem Boot unterwegs gewesen. Immer wieder strandete er im Sommer auf Rügen. »Als Strandquartier und Ausgangsort für seine Zeichenexpeditionen wählte er Baabe, damals ein bescheidenes Seebad«, erzählt die Inselführerin. Feininger fand dort, was er brauchte: Ruhe und Einsamkeit. Als mit einsetzendem Badebetrieb Hotels und Gaststätten errichtet wurden und das Urwüchsige nach und nach verloren ging, verließ er Mönchgut. Das war 1907. Seine Begründung: »Lauter Neues, neue Villen, Hotels, Rasier-

► Gut zu wissen:

Voranmeldung im Haus des Gastes, Kurverwaltung Baabe, Am Kurpark 9, 18586 Baabe, Tel. +49 (0)38303 1420, Dörthe Uloth +49 (0)172 4015477. Anreise: Mit der Schmalspurbahn Rasender Roland (Fahrradmitnahme möglich) oder den Buslinien 20 und 24 bis Baabe. Einige Busse haben Fahrradanhänger (RADzfatz-Busse).

buden, Waschküchen … das Alte sei auf ewig verschwunden. Ein Birkenbaum werde gefällt und dafür eine nagelneue Telegrafenstange hingesetzt…!«

Hinterlassen hat er seine künstlerischen Arbeiten, die das zeigen, was er an Rügen liebte: Kirchen, Bauern- und Hallenhäuser, Mühlen, Schiffe, Strand, Meer, Dünen, Kliffkanten, Himmel und Wasser. »Man spricht sogar von Feiningers Baaber Manifest«, weiß Dörthe Uloth. Er wollte von der Natur das Ursprüngliche ablernen und dadurch selbständiger und freier sein.

Kunst, Musik und Festivals in der früheren Werkhalle von La Grange

von Gastautorin Susanne Burmester

Es begann mit einer leeren Werkhalle. Einst hatten Zimmermannslehrlinge hier gelernt, wie man Balkone für die Bäderarchitektur baut. Die Reste sind heute noch sichtbar — doch diese Lokalität ist alles andere als ein Ort für beschauliche Ferien. Seit 2013 finden hier vier bis fünf Mal im Jahr Festivals für elektronische Musik und Medienkunst statt. Und die Besucher kommen aus dem ganzen Norden. Im La Grange findet man keinen Mainstream. Hier trifft sich nicht nur die Subkultur, hier formiert sie sich und bildet damit einen starken Anziehungspunkt für alle, die das Experiment lieben. Erfolgreiche Jungunternehmer feiern hier gemeinsam mit Künstlern, Handwerkern und neugierigen Feriengästen.

Als die Macher 2013 damit begannen, hier Workshops, Festivals und Ausstellungen zu veranstalten, folgten sie einem persönlichen Bedürfnis, Kunst auf neue Weise sichtbar zu machen. Heute legen Szenegrößen und lokale Helden in der früheren Werkhalle auf, tanzbare Musik wechselt sich mit Avantgarde ab. Im Zentrum der Kreativität steht Sebastian Will. Der Künstler und Bodybuilder führt seit 2006 seine eigene Studiogalerie auf dem Gelände und hat irgendwann das Potential erkannt. Er liest Kant, Schopenhauer und Camus — und findet dennoch die richtige Sprache, um junge Leute für Kunst zu begeistern. Als Galeristin für junge Kunst arbeite ich mit den Leuten von La Grange zusammen. Der innovative Geist dort inspiriert immer wieder meine eigene Arbeit.

Auf dem Gelände von La Grange kann man ausgiebig Krach machen, auf der Schaukel des Luftschlosses über das Leben nachdenken oder mit dem Künstler Sebastian Will über Kunst philosophieren.

Gut zu wissen:

Gingster Chaussee 6, 18528 Bergen auf Rügen, Tel. +49 (0)160 95658469, www.la-grange.de. Das Gelände kann auch außerhalb der Festivals nach Vereinbarung besucht werden. Anreise: Mit der RB nach Bergen-Bahnhof oder den Buslinien 35 und 37 bis Bergen-Arbeitsamt.

5

Eine Küche und einfache Schlafräume ergänzen die Halle mit Bar und Lounge. Außerdem gibt es eine Werkstatt, die allen offen steht. Zu den Workshops kommen Kinder und Erwachsene. Sie lernen mit der Camera Obscura umzugehen, Graffitis zu sprayen oder mit Schablonen zu arbeiten. Das Festival »Fette Ente im Krokoteich« findet jeden Herbst statt. Dann steht neben guter Live Musik und DJs auch ein politisches Thema im Fokus. 2014 berichtete die Rügener Metal Trash Band COR von Kuba, 2015 ging es um die Flüchtlingsthematik.

»Ein Tag am Meer« in Putbus

von Bianca Lohr

RÜGEN

»Ein Tag am Meer« steht in weißen Lettern auf dem Holzbrett. Und wer das kleine Geschäft in der Putbuser Alleestraße betritt, der wird genau dorthin entführt. Ans Meer. In den Regalen stehen lustig bemalte Holzfiguren und Bilder mit Steinen und verrosteten Kronkorken. Alles Unikate. Und alle mit Herz und Liebe geschaffen. Ein Interview mit Inhaber Benjamin Treu.

Du hast 15 Jahre in der Gastronomie gearbeitet. Wie bist Du darauf gekommen, aus Muscheln und Holz hübsche Dinge zu basteln?

Wer so lange in der Gastronomie tätig ist, geht entweder zum Psychiater oder an den Strand. Meine Partnerin Jule und ich haben den Strand gewählt und uns bei den vielen Spaziergängen oft gefragt, wie man das, was man da findet, in Szene setzen könnte. Dann haben wir es einfach ausprobiert und unsere Kreativität fließen lassen.

Euer Thema ist Upcycling, eine nachhaltige Art des Aufbereitens von bereits entsorgten Produkten. Stammen alle Materialien von Rügen?

Weil wir ein echtes Stück Rügen schaffen wollten, nehmen wir nur die Ressourcen, die wir hier tatsächlich haben. Wobei die Bäume schon auch an der polnischen oder schwedischen Ostseeküste gestanden haben dürfen. Aus Treibhölzern und Strandgut wie alten Fischernetzen oder geschliffenem Glas fertigen wir dann Souvenirs und kleine Kunstwerke.

Gehen Euch nicht irgendwann die Ressourcen aus?

Wenn Stürme und Wellen aufhören, könnte das passieren. Die Frage ist aber berechtigt, denn seit Schiffsindustrie und Fischfang auf Plastik umgestellt wurden, werden viel weniger Bretter angeschwemmt. Auch Seeglas findet man seltener. Dafür jede Menge Plastik, was erschreckend ist. Auch darauf wollen wir mit unserer Arbeit aufmerksam machen.

► Gut zu wissen:

Schauwerkstatt und Verkauf, Alleestr. 7, 18581 Putbus, Öffnungszeiten: Mo. – Fr. 10 bis 16 Uhr oder nach Vereinbarung. Anreise: Mit der Schmalspurbahn Rasender Roland bis Putbus-Bahnhof oder der Buslinie 30 bis Putbus-Park.

Wer geht sammeln?

Das Sammeln ist gar nicht so romantisch, wie man sich das vielleicht vorstellt. Wir balancieren oft mit drei, vier Taschen bepackt über schmale Steinstrände und werden auch schon mal von Spaziergängern gefragt: »Alles gut bei euch?« Aber das Sammeln ist natürlich trotzdem der schönste Teil unserer Arbeit. Es ist wie eine Schatzsuche — bei der wir vorher nie wissen, was wir finden.

Aktuelle Kunst im klassizistischen Kronprinzenpalais in Putbus

von Gastautorin Susanne Burmester

RÜGEN

»In der Kunst ging es nie um Gewissheiten, sondern immer darum, neue Welten zu erfinden oder die bestehende über den Haufen zu werfen«. Nach diesem Motto entwickle ich seit April 2014 das Programm in meiner Galerie »CIRCUS EINS — Aktuelle Kunst« und erreiche damit viele kunstinteressierte Besucher. Während Galerien in Berlin mühsam um Aufmerksamkeit ringen müssen, genießen Besucher und Residenten der Ferieninsel hier den entspannten Galeriebesuch und die Herausforderung durch neue Seherlebnisse. Der Schlosspark und die einzigartige Architektur tragen dazu bei, den Besuch zu einem unvergesslichen Erlebnis zu machen.

Das trapezförmige Eckgebäude, in dem wir auf 150 qm unsere Ausstellungen realisieren, liegt am Putbuser Circus. Das »Kronprinzenpalais« wurde 1859 im Tudorstil erbaut. Der Rondellplatz mit sternförmig zur Mitte strebenden Wegen, ist von denkmalgeschützten Häusern im klassizistischen Stil gesäumt. Eigentümer der Immobilie ist die DKB Stiftung für gesellschaftliches Engagement mit Sitz in Liebenberg bei Berlin. Als Partner der Stiftung organisieren wir acht bis zehn Ausstellungen jährlich für die beiden Galerien im Erdgeschoss. Thematische Gruppenschauen wechseln sich ab mit Einzelpositionen von Künstlerinnen und Künstlern, deren Arbeit überregionale Resonanz erfährt oder ein vielversprechendes Talent offenbart. Künstler aus Mecklenburg-Vorpommern werden ebenso vorgestellt, wie solche aus Japan, Dresden oder Düsseldorf — Qualität ist das einzige Kriterium der Auswahl und sorgt für großen Abwechslungsreichtum.

Mit der Stadt Putbus hat Fürst Wilhelm Malte I. sich in der ersten Hälfte des 19. Jahrhunderts den

► **Gut zu wissen:**

Circus 1, 18581 Putbus, Tel. +49 (0) 151 42446638, www.circus-eins.de. Öffnungszeiten: April bis Oktober täglich 11 bis 17 Uhr, November bis März Do. – So. 11 bis 17 Uhr. Anreise: Mit der Schmalspurbahn Rasender Roland oder den Buslinien 30 und 31 bis Putbus-Bahnhof.

Traum einer Residenzstadt erfüllt und der Insel Rügen damit ein einzigartiges Ensemble klassizistischer Bauten geschenkt. Es gibt wohl keinen Ort auf Rügen, der sich so gut für anspruchsvolle Kulturangebote eignet. Architektur, Landschaftspark und Ambiente der »Weißen Stadt« sind auch für die Festspiele Mecklenburg-Vorpommern und ihre hochrangigen Konzerte attraktiv, die KulturStiftung Rügen realisiert ihre Ausstellungen in der früheren Orangerie und schon haben sich weitere Kunstakteure, wie das Atelier ROTKLEE, hier angesiedelt.

Willi Bergers »Schwalbennest« auf Hiddensee

von Janet Lindemann

HIDDENSEE

Seit 1955 ist die Ostseeinsel Hiddensee das Zuhause von Heimatmaler Willi Berger. Sie ist seine Insel in dieser rastlosen Welt. Sein Atelier-Haus in den Hügeln von Kloster hat er liebevoll »Schwalbennest« genannt. Hier ist der 1922 im polnischen Bärwalde geborene Künstler noch heute aktiv und malt zwei bis drei Stunden täglich.

Sie bezeichnen sich selbst als typischen Pleinairmaler. Die Natur um sie herum ist ihr Wirkungskreis. Wie viele Bilder haben Sie insgesamt gemalt?

Wohl so um die 4.000. Etwa 1.000 davon befinden sich heute in meinem Schwalbennest. Die anderen hängen in 13 europäischen Ländern, in Japan und Kanada. Gemalt habe ich bereits als Kind. Meinem Kunstlehrer und Freund Hans Meissel zu Ehren habe ich eines seiner Bilder mit dem Titel »Soli Deo Gloria« 1990 auf die Berliner Mauer gemalt. Ich war damals einer von 118 Künstlern aus 21 Ländern, um aus dem Symbol der Teilung ein Symbol des Friedens zu machen. Als East Side Galery ging das 1.326 Meter lange Mauerstück dann in die Geschichte ein.

Sie engagieren sich für den Naturschutz auf Hiddensee. Auf welche Erfolge können Sie blicken?

Als ich hörte, dass auf Hiddensee nach Erdöl gebohrt werden soll, sprach ich mich dagegen aus und scharte eine Reihe von Persönlichkeiten um mich. Einer von ihnen war Nachbar Walter Felsenstein, der 1947 die Komische Oper in Berlin gründete und ein Ferienhaus auf der Insel besaß. Wir hatten Erfolg. Auf der Insel wurde nicht nach Erdöl gesucht.

In den 1960er Jahren haben Sie in einem Wanderheft ihre Liebe zur Natur und den Menschen, die auf Hiddensee leben beschrieben. Haben Sie weitere Bücher geschrieben?

► Gut zu wissen:

In seinem Atelier Schwalbennest empfängt Willi Berger gern Besucher, Zum Hochland 6, 18565 Kloster/Hiddensee, Tel. +49 (0)38300 382, Öffnungszeiten: Auf gut Glück. Anreise: Mit der Fähre nach Kloster und von dort zu Fuß zum Hochland. Auf Hiddensee verkehrt montags bis freitags der Inselbus.

Ja, das stimmt. Vom Honorar habe ich mir gemeinsam mit meiner verstorbenen Ehefrau Ruth ein Nest aus Stein und Stroh gebaut: das Schwalbennest. Im Jahr 2007 erschien meine selbst finanzierte Autobiographie in kleiner Auflage. Darin sind meine Jagd- und Naturerlebnisse, aber auch Episoden aus dem Krieg nachzulesen. Das Buch ist vergriffen. Vielleicht schreibt ja mal jemand meine Lebensgeschichte auf. Ich würde mich freuen.

Mit Ringelnatz auf Hiddensee

von Janet Lindemann

In den warmen Sommermonaten tauscht Ute Fritsch, Verlegerin, Autorin und Reiseleiterin aus Berlin, das bunte Berliner Großstadtleben gegen ein nicht weniger Aufregendes auf der Ostseeinsel Hiddensee ein. Hier genießt die »Frau in Türkis« nicht nur die Gesellschaft lieber Freunde in der Sonne, sondern führt Gäste zu Schauplätzen bekannter Künstler. Mehrmals wöchentlich zeigt die Germanistin und Historikerin, wo sie dichteten, malten, musizierten, gerne zum Essen und Trinken einkehrten, liebten oder badeten. Ihren »Lustigen Ringelnatz-Asta Nielsen-Spaziergang mit Ringel-Sanddornschnäpschen« gibt es nun sogar in gedruckter Form, herausgegeben im Verlag Jena 1800.

»Joachim Ringelnatz (1883 – 1934) war auf der Insel Hiddensee und am Meer glücklich und produktiv«, weiß die langjährige Inselführerin, die den heiteren wie traurigen Schriftsteller, Kabarettist und Maler verehrt und seine Verse liebt. Die Insel inspirierte ihn. Auf Einladung der großartigen Stummfilm-Schauspielerin und Seelenfreundin Asta Nielsen weilte Ringelnatz 46-jährig auf Hiddensee. Im Jahr 1929 erlebte er sonnenhelle Tage, ewig Bernstein suchend, immer nur Schnaps findend und in heiterster Geselligkeit mit der Schauspielerin und vielen anderen Künstlerkollegen.

Wer wie ich, gemeinsam mit Ute Fritsch die Reise über Hiddensee unternimmt, glaubt sehr schnell, dem dichtenden Matrosen Ringelnatz persönlich zu begegnen. Die Inselführerin beginnt ihren poetischen Spaziergang in Ringelnatz' Lieblingsschankwirtschaft »Am Bollwerk« in Kloster, hält an seinem Lieblingshaus (das geheimnisvolle Strandhus in Vitte) und lässt ihn an Asta Nielsens Karusel in Vitte ausklingen. Plötzlich sehe ich mich inmitten der illustren Runde mit Ringelnatz und Asta Nielsen vor ihrem blau-weißen Sommer-

► Gut zu wissen:

Lustiger poetischer Ringelnatz-Asta Nielsen-Spaziergang mit Ute Fritsch, Treffpunkt: Kloster, Treppe Hotel Dornbusch, Tel. +49 (0)170 4125277, www.kuenstlerinsel-hiddensee.de. Anreise: Mit der Buslinie 35 bis Schaprode, von dort mit der Fähre oder dem Wassertaxi nach Kloster auf Hiddensee.

haus, dann munter trinkend auf der vorderen Terrasse des Hotels Dornbusch in Kloster und Steine suchend am Lieblingsstrandplatz der beiden zwischen Kloster und dem Norderende Vitte. Das Sanddorn-Schnäpschen übersteht die zweieinhalb Stunden Führung allerdings nicht. Mit einem flotten Trinkspruch rinnt der gelbe Saft am feinen Sandstrand von Vitte die Kehle herunter: »In einem Teiche schwimmt eine Wasserleiche. An ihren Brüsten die Fische sich gelüsten. Durch ihren Lustkanal schwimmt ein dicker fetter Aal. Ihr Arm ist schon ganz bemoost. Na dann, Prost!«

6

Ruhe & Entspannung

Übersicht Scoutbeiträge

Die Weite des Meeres, die Stille des Landes — die Natur selbst ist die Quelle der Erholung für Körper, Geist und Seele. Die frische Seeluft, das klare Meerwasser oder die natürliche Kreide gelten als regionale Heilmittel. Unsere Scouts kennen die besonderen energetischen Orte der Inseln, an denen sich Kraft tanken lässt, wie an den Hünengräbern uralter Grabanlagen oder bei den Baumriesen in den mystischen Wäldern der Goor. Ruhe findet man an entlegenen Orten oder einsamen Stränden, die noch immer ein Geheimtipp sind. Eine besondere Entspannung bietet ein selbst zubereitetes Heilkreidebad im Kreidesee unter freiem Himmel. Lässt man sich ein auf die Natur, die Stille und das Meer, dann ist das in unserer reizüberfluteten Zeit eine Wohltat.

Bild S. 113: Nationalpark Jasmund

Ein Heilkreidebad im Sassnitzer Kreidesee

von Nadine Förster

RÜGEN

Der Kreidesee in Sassnitz ist immer noch ein echter Geheimtipp. Das stellte ich fest, als ich vor kurzem das Gewässer nach langer Zeit wieder einmal aufsuchen wollte und nicht mehr genau wusste, wie man dorthin gelangt. Selbst die Einheimischen machten auf Nachfragen nur große Augen, bemühten sich sehr mir zu helfen, wussten aber dennoch weder, dass es einen See gab, noch wo er zu finden sei. Umso abenteuerlicher wurde meine Tour einmal quer durchs Unterholz am äußersten Rand des Buchenwaldes von Jasmund.

Als ich den See dann endlich gefunden hatte, wurde ich mit einem einmaligen Ausblick belohnt. Fast verschlafen lag das sonst so quirlige Sassnitz vor der Ostseebucht, ich hatte freie Sicht auf Mukran und Prora und die Ostseebäder Binz, Sellin und Göhren. Der See selbst geht, wie die meisten dieser Orte auf Rügen, auf den Abbau der heimischen Kreide zurück. Hier wurde die Rügener Heilkreide abgebaut, ein reines und allergenfreies Naturprodukt, die in den letzten Jahren große Bekanntheit erlangt hat. Viele der Tagebaue sind wie der Kreidesee oberhalb des Stadtgebietes von Sassnitz allerdings mittlerweile aufgegeben und mit Wasser vollgelaufen.

Die Atmosphäre rund um den See ist wirklich fantastisch. Über dem türkisblauen Wasser ragen die weißen Kreidefelsen, die mit etwas Phantasie dem berühmten Königsstuhl sehr ähnlich sehen, aus dem Wald hervor. Die weitläufige Wiese inmitten der umgebenden Kreidehügel, die den See perfekt verstecken, lädt zum Verweilen und Picknicken ein. Früher galt der Ort als geheimer Treff für wilde Partys. Daran erinnert heute aber nicht mehr viel. Stattdessen findet man noch einige Teile der alten Kreideförderanlage, die mit Sicherheit aber auch bald komplett

► Gut zu wissen:

Der Kreidesee liegt oberhalb der Waldmeisterstraße in 18546 Sassnitz. Anreise: Mit der RB oder den Buslinien 13, 14, 18, 20 und 23 bis Sassnitz-Bahnhof, dann zu Fuß weiter.

verschwunden sein wird. So nutzt man den See heute am besten, um sich am Ufer eine eigene Kreidepackung zuzubereiten. Ich nehme dazu normalerweise eine kleine Schaufel mit, um mir die Kreide aus den umliegenden Hügeln sauber freizukratzen, danach mit etwas Wasser vom See vermischen und schon ist sie fertig die »Kreidepackung Deluxe«, für die man in einem der Rügener Spas sonst ein kleines Vermögen lassen würde. Anschließend die Kreide auf den Körper auftragen, einwirken lassen und im See abspülen. Wunderbar.

Der Nordstrand am Kap Arkona

von Bianca Lohr

RÜGEN

Ich weiß noch sehr genau, wie ich mich gefühlt habe, als ich zum ersten Mal am Nordstrand war. Ein Einheimischer hatte mir am Kap Arkona empfohlen, doch mal ein Stück gen Westen zu fahren, dort sei ein Parkplatz und eine Treppe führe runter zum Strand. Ich hab's getan — und was ich dort vorfand, machte mich sprachlos. War ich wirklich noch auf Rügen? Ich fühlte mich eher an die Küste Neuseelands versetzt und konnte nicht fassen, dass es so einen Ort auf Rügen geben sollte.

Schon als ich die vielen Stufen hinunter zum Meer ging, war ich erfüllt von der Schönheit um mich herum. Das Blau der Ostsee schimmerte vielversprechend durch die hellgrünen Blätter der Bäume, ich hörte die Wellen rauschen und sah den fast menschenleeren Strand zu meinen Füßen. Unten angekommen, habe ich dann nur noch die Weite gespürt. Ich fühlte mich winzig klein und zugleich sehr, sehr geborgen.

Es gibt viele tolle Strände auf Rügen. Aber keinen davon habe ich als so wild und ursprünglich empfunden wie den Nordstrand. Wie einem Bilderbuch entsprungen, mit seinem unendlich scheinenden Meer auf der einen Seite und der schützenden Steilküste auf der anderen. Hier kann man nicht nur baden und sich in der Sonne aalen, sondern auch wunderbar spazieren gehen, Steine sammeln und mit diesen phantasievolle Bilder und Wörter in den Sand legen. Platz ist mehr als genug. Und wenn es dann langsam dunkel wird im Paradies, gibt es hier auch noch traumhafte Sonnenuntergänge zu erleben.

Übrigens: Auch der Wind hat den Nordstrand in sein Herz geschlossen. Etwas Warmes zum Drüberziehen sollte man also immer dabei haben.

Gut zu wissen:

Der Strand liegt am Nordufer Wittow westlich des Kap Arkonas. Anreise: Mit der Buslinie 11 bis Varnkevitz, dann zu Fuß entlang des Hochuferweges bis zur Treppe oder bis Putgarten und vom Kap Arkona unten am Strand weiter bis zum Nordstrand. Direkt am Hochufer an der Treppe zum Strand liegt ein Parkplatz.

6

Auf dem Pfad der Muße & Erkenntnis durch die Goor

von Karsten Neubert

RÜGEN

Es knackt und raschelt im Unterholz, die Baumkronen rauschen im Wind. Vögel rufen, etwas entfernt schlagen die Wellen der Ostsee an die Küste. Ich folge dem »Pfad der Muße & Erkenntnis« durch die Goor, ein facettenreicher Küstenwald, in dem eine Wildnis entstehen soll. Denn auf den Flächen der Michael Succow Stiftung wird dem Goor-Wald Raum und Zeit gegeben, sich nach den Gesetzen der Natur zu entfalten, ein Urwald von morgen entwickelt sich.

Der »Pfad der Muße & Erkenntnis« ist ein Rundwanderweg durch die Goor, den die Landschaftsökologin Steffi Deickert konzipiert hat. Auf etwa 4 Kilometern Pfadstrecke lassen sich an 19 Stationen die besonderen Naturerlebnisse des Waldes erfahren. Eine Begleitbroschüre mit informativen Texten, Fotos, Lyrik und Malerei hat sie für die Wanderung auf dem Pfad erstellt.

Ich tauche ein in den mystischen Wald und fühle mich zwischen den mächtigen Bäumen in der Halle der Rotbuchen ganz bei mir selbst, ruhig und gelassen, um Gedanken zu denken, die im Alltag keinen Platz haben. Vom Hochuferweg aus blicke ich durch das Geäst auf die Insel Vilm. Ein Weg hinunter zum Steilufer offenbart mir einen freien Blick auf das Meer, Robben und Seeadler sollen hier in dem Gebiet zwischen der Goor und Vilm zu beobachten sein. Mich zieht es zurück in den Wald, der abwechslungsreicher nicht sein könnte. Verschiedenste Waldformen sind auch für den Laien erkennbar, durchzogen von Mooren und kleinen Tümpeln. Über Tausend Tier- und Pflanzenarten sind in der Goor zu Hause. Hinter umgestürzten Bäumen erwarte ich jeden Moment Rehe oder Wildschweine — leider vergeblich, die vierbeinigen Waldbewohner sind zu scheu, um sich zu zeigen.
An Station 12 steht sie endlich vor mir — die Königin der Goor. Die uralte Schirmeiche mit ihren fast 600

▶ Gut zu wissen:

Ein guter Startpunkt für die Rundwanderung ist das Hotel Badehaus Goor, Fürst-Malte-Allee 1, 18581 Lauterbach. Hier gibt es auch die Begleitbroschüre »Pfad der Muße & Erkenntnis«. Geführte Wanderungen mit Steffi Deickert, www.natur-beruehrt.de. Anreise: Mit der Buslinie 30 bis Goor.

Jahren ist der faszinierendste Baum, den ich je gesehen habe. Die Eiche streckt ihre Arme aus, Gesichter sind im mächtigen Stamm zu erkennen, sie scheint mich zu beobachten. Von allen Seiten sehe ich mir dieses Naturwunder an und halte eine Weile inne an diesem magischen Ort, ein Kraftort, wie es in der Goor einige gibt. Der laute Ruf eines Kauzes weckt mich aus meinen Träumen und ich folge weiter dem Pfad durch den Wald bis zur Station 19. Hier, zu guter Letzt, erfahren wir auch endlich, woher die Goor ihren Namen hat.

Hünengräber nahe Lancken-Granitz

von Nadine Förster

RÜGEN

Für einzigartige Landschaften und reizvolle Naturerlebnisse ist Rügen bekannt, doch auf der Insel finden sich auch Orte mit einer außergewöhnlichen energetischen Ausstrahlung. Zu diesen Orten mit besonderer Anziehungskraft gehören die sogenannten Hünen- oder Großsteingräber, alte Grabstätten, die auf der Insel zahlreich zu finden sind. Entstanden sind die Gräber wahrscheinlich vor circa 5.000 Jahren, aus mächtigen Natursteinen von unseren Vorfahren erbaut und mit kostbaren Schätzen als Grabbeigaben gefüllt. So gelten die ältesten menschlichen Steinbauwerke dieses einzigartigen Landstrichs heute als beeindruckende Zeugen unserer Vergangenheit.

Im Südosten Rügens bei Lancken-Granitz liegt mit sieben Großsteingräbern die größte Grabanlage, die auch ich am liebsten aufsuche. Die Gräber sind ganz leicht über kleine Trampelpfade von der Straße aus zu erreichen. Man findet die freigelegten Steine, die heute allerdings keine Grabbeigaben mehr beinhalten, inmitten der umliegenden Felder. Dabei handelt es sich um idyllische Wäldchen, die auf kleinen Hügeln gelegen sind. Die Bäume, meist uralte Eichen, hüteten so einst sorgsam ihr kostbares Geheimnis und wenn sie sich nun sanft im Winde wiegen und dabei lieblich mit den Blättern und Ästen rauschen, dann klingt das für mich immer als sängen sie ein verträumtes Lied aus längst vergangenen Zeiten.

Die Hünengräber sind für mich auch ein idealer Ort, um einmal eine Pause einzulegen, sei es für ein Picknick auf einer Radtour oder einer Wanderung. Oder um eine Auszeit zu nehmen, zur Ruhe zu kommen, etwas in sich zu gehen und Kraft zu tanken. Nicht umsonst haben unsere Ahnen bereits vor Jahrtausenden diese Stellen erwählt, um ihrer Toten zu gedenken. An diesen Orten, so wusste man damals vielleicht noch viel besser als heute, findet man eine ganz besondere Energie.

► Gut zu wissen:

18586 Lancken-Granitz, die Großsteingräber liegen ca. 750 m hinter Lancken-Granitz an der Straße nach Dummertevitz. Der Weg zu den Grabstätten ist an der Straße ausgeschildert. Anreise:
Mit den Buslinien 20 und 24 bis Lancken-Granitz.

6

Der Naturhafen in Gustow

von Linda Holfeld

RÜGEN

Interview mit Till Jaich, Geschäftsführender Gesellschafter der »im-jaich Wasserferienwelt«, der sich mit dem Naturhafen Gustow einen Traum erfüllt hat.

Warum sollte man im Naturhafen Gustow anlegen?
Der Naturhafen Gustow liegt in einer natürlichen Lagune des Strelasundes im Süden der Insel Rügen. Die wunderschöne Natur, gepaart mit herrlicher Ruhe machen diesen besonderen Ort zu einer wirklichen Oase. Ob als Segler im Hafen oder als Gast in unseren Uferhäusern, hier genießt man Komfort und einen einzigartigen Charme.

Was macht diesen Ort für Sie besonders?
Der Ort will entdeckt werden, abseits der Touristenströme im Sommer ist der Naturhafen ein Geheimtipp. Lässt man sich ein auf die Ruhe, die Natur, das Wasser und die frische Luft, dann wirkt das wie Balsam für die Seele. In unser heutigen hektischen und reizüberfluteten Zeit ein kostbares Gut. Es sind eher die kleinen Dinge wie der wunderschöne Blick über die Lagune mit ihren Schilfufern und die unbebaute Landschaft, der kleine Badestrand nebenan, die Wander- und Fahrradwege in der Umgebung oder die Schafe auf der Nachbarwiese, die diesen Zauber begründen, keine Sensationen, keine Kreidefelsen, keine Touristenbusse.

Tagesausflug zum Naturhafen Gustow oder einfach länger bleiben — welche Möglichkeiten gibt es?
Den Naturhafen Gustow erreicht man vom Wasser aus mit dem Boot oder über Land mit dem Auto oder dem Fahrrad. Als Tagesgast gibt es die Möglichkeit, den Badestrand zu besuchen, spazieren zu gehen und in

► **Gut zu wissen:**

Am Yachthafen Drigge 1,
18574 Gustow,
Tel. +49 (0)38307 419966,
www.im-jaich.de/naturoase-ruegen.
Anreise: Mit der Buslinie 30 bis Abzweigung Drigge, dann noch 10 Minuten zu Fuß weiter.

unser Hafenbistro einzukehren, um einen guten italienischen Kaffee zu trinken und einen Flammkuchen zu essen. Wunderschön ist auch ein Bootsauflug mit unseren führerscheinfreien Motorbooten für bis zu fünf Personen. Vom Naturhafen Gustow erreicht man eine Vielzahl unterschiedlichster Tagesausflugsziele, zum Beispiel den Altstadthafen von Stralsund in nur 30 Minuten. Wer länger bleiben will, übernachtet im eigenen Boot im Hafen oder in den neuen Uferhäusern. Je länger man im Naturhafen verweilt, desto mehr wird man sich in diesen Ort verlieben.

Der Speckbusch in Göhren

von Nadine Förster

RÜGEN

Der Speckbusch ist mein ganz persönlicher Lieblingsort auf Rügen. Von dem bronzezeitlichen Hügelgrab gleich an der Kirche aus rotem Backstein im Ostseebad Göhren hat man einen herrlichen Blick auf das nahezu gesamte Mönchgut. An einem klaren Tag kann man von hier aus nach Usedom, zur Insel Oie und sogar bis zum Festland schauen. Hoch thront der Speckbusch über dem lieblichen Mönchguter Land mit seinen sanft geschwungenen Buchten, den weißen Sandstränden, den Wäldern und Feldern, mit diesem wunderbaren Blick auf die Hügelkette der Zicker Alpen. Die ursprünglichen Dörfer des Mönchguts liegen mir hier, im wahrsten Sinne des Wortes, zu Füßen. Die Stimmung, die mich umfängt, insbesondere zum Sonnenuntergang, ist einmalig. Das hat wahrscheinlich auch mit der besonderen Energie, die an dieser Stelle herrscht, zu tun. Denn wie alle Hügelgräber wurde auch der Speckbusch einst mit dem uralten Wissen um besondere energetische Plätze unserer Vorfahren auserwählt. Die Mystik dieses Ortes hat sich bis heute erhalten und nichts von ihrer Magie verloren.

Schon als Kinder haben wir hier gern in den knorrigen Ästen der alten Eichen gespielt. Damals wussten wir natürlich nicht, dass wir auf einem Grabhügel tollten, dessen Entstehung auf etwa 1.000 v. Chr. geschätzt wird. Doch die Kirche mit ihren halbrunden Buntglasscheibenfenstern und den ziegelgedeckten Türmen, in denen Dohlen und Fledermäuse wohnen, hat uns schon früher fasziniert. So komme ich also auch noch heute immer wieder gern zum Speckbusch und tauche ein in die Stille, die diesem Platz innewohnt. Ich lasse den Blick schweifen, sehe die Heimat und fühle mich angekommen und zuhause.

Gut zu wissen:

Das Hügelgrab liegt an der Kirche in Göhren, Neue Kirchstrasse 5, 18586 Göhren, www.goehren-ruegen.de. Anreise: Mit der Schmalspurbahn Rasender Roland bis Göhren-Bahnhof oder mit den Buslinien 20 und 24 bis Göhren.

7

Menschen & Meinungen

Übersicht Scoutbeiträge

Die Herzlichkeit der Menschen im Norden ist sicher nicht immer auf den ersten Blick ersichtlich. Aber hinter der oft wortkargen Fassade wartet meist eine ehrliche Freundlichkeit und ein großes Herz. So erzählt dieses Kapitel von gebürtigen Insulanern, die ihre Heimat lieben und hier etwas bewegen wollen. Der Fährmann bringt seine Gäste beinahe ganzjährig jeden Tag sicher ans andere Ufer, ein alteingesessener Fischer möchte noch lange die Tradition bewahren und ein begeisterter Kitesurfer teilt seine Leidenschaft für den Wassersport gern mit allen Interessierten. Auch eine Insellegende kommt zu Wort. Es sind die Menschen auf diesen Inseln mit ihren vielfältigen Facetten, die aus Orten etwas Besonderes machen mit ihren Ideen, ihrer Tatkraft, ihrem Mut und ihrer Persönlichkeit.

Bild S. 129: Hochuferweg Sellin

Der Fährmann von Moritzdorf

von Linda Holfeld

RÜGEN

»Fährmann — hol über«, sollen wir laut rufen, trauen uns aber nicht so richtig und läuten stattdessen die große Glocke am Naturhafen Baabe Bollwerk. Wir stehen auf dem Steg und sehen gespannt über das Wasser zum anderen Ufer hinüber. Und tatsächlich, der Fährmann kommt aus seinem Häuschen, setzt sich in sein Boot und rudert zu uns herüber. Wunderbar freundlich hilft er uns beim Einsteigen in den kleinen Holzkahn und die Fahrt geht los.

Kay-Uwe Strandmann ist Fährmann in 2. Generation, vor ihm hat sein Vater die kleine Ruderfähre über die Baaber Bek, einem schmalen Strom zwischen dem Selliner See und dem Greifswalder Bodden gesteuert. Auch die dritte Fährgeneration Strandmann steht schon in den Startlöchern. Bei Wind und Wetter ist Kay-Uwe mit seiner gleichnamigen hölzernen Fähre und seinem Bootshund vor Ort und rudert von Baabe nach Moritzdorf und zurück, in der Hauptsaison bis zu 100 Mal am Tag. »Ich bin mit der Fähre verwachsen,« sagt Kay-Uwe Strandmann und legt sich in die Riemen. Fahrräder hievt er auf sein Boot, Hunde sind willkommen und Kinderwagen bringt er sicher ans andere Ufer. Sogar einen Papagei hatte er schon als Passagier.

Eine Fährverbindung gibt es auf dieser Strecke seit 1891 und ohne diese Fähre, eine der Kleinsten in Deutschland, müssten Wanderer und Radfahrer einen acht Kilometer

▶ Gut zu wissen:

Bollwerkstraße 1b, 18586 Ostseebad Baabe. Es gibt eine Anlegestelle in Baabe Bollwerk und eine in Moritzdorf. Anreise: Mit der Schmalspurbahn Rasender Roland oder den Buslinien 20 und 24 bis Baabe und weiter mit der Bäderbahn zum Bollwerk. Ein Parkplatz befindet sich direkt am Hafen Baabe-Bollwerk.

langen Umweg um den nördlich gelegenen Selliner See machen. Aber auf den Fährmann ist Verlass, jeden Tag von neun Uhr bis Sonnenuntergang setzt er über, je nachdem wie die Gäste kommen und das zu jeder Jahreszeit, außer bei Schnee und Eis. Für die etwa 50 Meter kurze Strecke nach Moritzdorf braucht Kay-Uwe Strandmann rund zwei Minuten und 25 bis 30 Ruderschläge. Zu kurz, finden die Kinder und freuen sich schon auf den Rückweg. Diesmal trauen wir uns auch zu rufen: »Fährmann — hol über.«

Ulrich Müthers Leichtigkeit

von Gaia Born

RÜGEN

Bewundernd stehe ich vor einer ehemaligen Bushaltestelle in Binz. Das kühn geschwungene Dach ragt heraus, fast scheint es zu schweben. Diese elegante Konstruktion hat der für seine Schalenbautechnik bekannte Architekt Ulrich Müther entworfen. Auf der ganzen Insel finden sich noch einige seiner Bauwerke, denn Müther, der in Binz auf Rügen geboren und aufgewachsen ist, pflegte Zeit seines Lebens eine innige Beziehung zu seiner Heimatinsel.

Obwohl ihm von der DDR-Führung ein Studium der Architektur verwehrt wurde, fand der findige Müther Mittel und Wege: Erst lernte er Zimmermann und Bauingenieur, bevor er in das familieneigene Bauunternehmen eintrat. Schon früh begann er, mit den Schalenbautechniken zu experimentieren. Dabei nutzte der leidenschaftliche Segler die Formensprache seiner Heimat und goss Muscheln, Wellen und Segel in Beton. Neben den baulichen Möglichkeiten zeichnete sich die Technik durch einen geringen Materialverbrauch und hohe Arbeitsintensität aus — perfekt für die DDR-Wirtschaft. So schuf Müther auf Rügen so bekannte Bauwerke wie den Rettungsturm II in Binz, die Kurmuschel in Sassnitz und das Inselparadies in Baabe. Die DDR-Regierung war erfreut, man nutzte Müthers »Sonderbauten«, um die allgegenwärtige Blockbauweise aufzulockern. Und der Bauherr brachte Devisen ins Land. Für die Kuppel eines Planetariums in Wolfsburg bekam die DDR 10.000 VW Golf. In Jordanien baute er eine Moschee, in Finnland ein Planetarium, in Havanna eine Radrennbahn. Dabei begleitete Müther seine Projekte immer höchst selbst. Einer seiner Mitarbeiter beschreibt sehr schön, dass auch feine Lackschuhe und teure Anzüge ihn nicht davon abhalten konnten, im Baustellendreck die Arbeiten zu beaufsichtigen. Nach der Wende ging Müthers Be-

Gut zu wissen:

Müther-Bauwerke auf Rügen sind zum Beispiel die Kurmuschel in Sassnitz, die Ostseeperle in Glowe, eine Bushaltestelle in Binz und in Buschvitz, das Inselparadies in Baabe und der Rettungsturm II in Binz. Anreise: Mit der Schmalspurbahn Rasender Roland nach Binz oder den Buslinien 20 und 23 nach Binz-Ort.

trieb bankrott. Im Westen war Arbeitskraft teuer und die Schalenbautechnik nicht mehr konkurrenzfähig. Bis der Architekt 2007 in Binz starb, hatte er den Verfall und Abriss vieler seiner Gebäude erleben müssen. Einige hatte er noch in Eigenregie saniert. Wer heute auf Rügen nach Müther-Bauten Ausschau hält, findet nur noch einen Bruchteil der eigentlichen Zahl. Schade, denn Ulrich Müther gilt mittlerweile als Kultfigur der architektonischen Moderne. Nicht nur ich zähle zu den Bewunderern seiner eleganten Konstruktionen.

Zu Gast auf Gut Boldevitz

von Linda Holfeld

Ein Ort wie der Zeit entrückt — in Boldevitz spielen die Kinder auf den Wegen, Pferde grasen auf weiten grünen Weiden, das Gutshaus mittendrin leuchtet weiß in seiner ganzen Pracht. Die Hausherrin Alexandra von Wersebe spricht über Gut Boldevitz.

Was hat Sie bewogen, Gut Boldevitz aus seinem Dornröschenschlaf zu erwecken und es mit Leben zu erfüllen?
Rügen ist meine Heimat. Ich wurde hier geboren, habe aber erst im späteren Alter wieder zu meinen Wurzeln zurück gefunden. Mein Mann und ich hatten das große Glück, Boldevitz übernehmen zu können. Es war eine Herausforderung in vielerlei Hinsicht. Wir waren fest entschlossen, dem Gutshaus seine ursprüngliche Gestalt zurück zu geben. Wir hoffen, dass wir einen kleinen Beitrag dazu leisten konnten, etwas wieder erblühen zu lassen, denn es entspricht dem traditionellen Selbstverständnis unserer Familie, dass wir etwas Gestaltetes an die kommenden Generationen weiter reichen möchten.

Was erwartet Ihre Gäste auf Gut Boldevitz?
Das Besondere an Boldevitz ist seine Lage und Gestalt. Das historische Gutshaus strahlt, harmonisch und stilgerecht wieder hergestellt, über den Park, den weiten Rasen und den Teichen. Unsere Gäste können entweder in den Seitenflügeln des Gutshauses wohnen oder eine unserer strohgedeckten, urgemütlichen Rügenkaten buchen, die größten unserer Wohnungen bieten Platz für bis zu acht Personen. Die Freizeitmöglichkeiten auf dem Gut sind riesig, bei uns kann man zum Beispiel Tennis spielen, reiten, baden, angeln, wandern und Fahrrad fahren. Boldevitz liegt im Herzen der

Gut zu wissen:

Dorfstraße 16, 18528 Boldevitz, Tel. +49 (0)3838 313976, www.ruegenkaten.de.
Gut Boldevitz ist vor allem für Familien ein wunderbarer Urlaubsort. Tagesgäste können z.B. reiten oder Tennis spielen. Anreise: Mit der Buslinie 38 bis Boldevitz Hof.

Insel und ist damit ein idealer Ausgangspunkt für Erkundungen. Die Erfahrung zeigt, wer einmal bei uns war, kommt wieder.

Was macht diesen Ort für Sie besonders?

Boldevitz ist einer der wunderbarsten Plätze dieser Insel. Rügen ist einzigartig mit den Boddenlandschaften, den Alleen, den Wäldern, den Stränden und dem weiten, hellen Himmel. Ich war als Kind zu klein, das alles wirklich zu erfassen, bin aber nach meiner Rückkehr erfüllt von der Schönheit dieser Landschaft, die mir täglich vor Augen ist und die ich nie mehr missen möchte.

Segeln, Surfen, Kiten, Paddeln — Wassersport auf Rügen

von Karsten Neubert

RÜGEN

Haiko Milke, gebürtiger Rüganer und Kitesurfer aus Leidenschaft, gibt sein Wissen in seiner Wassersportschule ProBoarding Rügen gern weiter.

Welche Wassersportmöglichkeiten gibt es auf der Insel Rügen?

Neben den klassischen Wassersportarten mit Segeln, Katamaran und Kanu werden vor allem Trendsportarten angeboten. Der Boom vom Kitesurfen bricht nicht ab. Windsurfen lernen gern Kinder als Einstieg in den Wind- und Wassersport. Besonders die sehr leicht zu erlernende Sportart SUP (Stand-Up Paddling) sieht man jetzt öfter an den Stränden von Rügen.

Welche Orte kannst du empfehlen? Gibt es Geheimtipps?

Auf der Insel Rügen gibt es viele tolle Spots, die sich je nach Windrichtung und Stärke ideal für Einsteiger, Aufsteiger und Profis der unterschiedlichsten Wassersportarten anbieten. Ich kann jedem Gast empfehlen, sich vor dem Urlaub an einer Wassersportschule wie bei uns zu informieren und sich eine individuelle Spoteinweisung geben zu lassen. Ich selbst finde zum Kitesurfen den Spot Thiessow bei Süd-West Wind perfekt zum trainieren. Bei Nord-Ost Wind eignen sich zum Kitesurfen in der Welle Neu Mukran, Baabe und Göhren sehr gut.

Welche Art von Wassersport bietet sich für absolute Anfänger an?

Für Einsteiger bietet sich der neue Trendsport SUP an. Auf einem SUP Board haben die meisten nach fünf bis zehn Minuten Gleichgewichtstraining den richtigen Dreh raus und paddeln sicher über das Wasser.

Wie lassen sich Umweltschutz und Wassersport auf der Insel vereinbaren?

► Gut zu wissen:

Dörpstrat 35, 18586 Ostseebad Thiessow OT Klein Zicker,
Tel. +49 (0)38308 85916,
www.proboarding.de.
Die Wassersportschule bietet Kurse zu verschiedenen Wasser- und Landsportarten an unterschiedlichen Standorten auf der Insel an.
Anreise: Mit den Buslinien 20 und 24 bis Klein Zicker.

Seit 2014 sind wir Partner vom Biosphärenrenreservat Südost-Rügen. Damit spielt das Thema Nachhaltigkeit hier eine große Rolle. In unseren Kursen erleben die Teilnehmer Sport und Aktion im Einklang mit der Natur. Bei uns lernen so schon die Kleinen im Kinderkurs die wichtigsten Verhaltensregeln. Dienstleistungen und Tourismus in der Natur können langfristig nur so miteinander funktionieren. Dafür setzten wir uns jede Saison ein und legen in den Kursen sehr viel Wert auf die Sensibilisierung der Teilnehmer zum Erhalt der Natur.

Fischer aus Leidenschaft

von Gaia Born

RÜGEN

Thomas Koldevitz ist einer der wenigen verbliebenen Fischer auf Rügen. Warum er den urwüchsigen Beruf so liebt und warum die Fischerei zur Insel gehört.

Thomas, wieso bist du Fischer geworden?
Mein Onkel hat mich schon mit vier, fünf Jahren mitgenommen auf die See. Das ist das, was ich immer wollte, ich bin damit verwachsen. Später habe ich bei meinem Onkel die Lehre gemacht. Ich bin davon ausgegangen, dass ich einen sicheren und einträglichen Beruf lerne. Vor der Wende waren wir in Gager noch 121 Fischer. Heute sind wir noch vier. Aber wir kämpfen uns durch, jeden Morgen um 3 Uhr aufstehen, dann raus zu den Fanggründen. Am Vormittag sind wir zurück, machen die Fische küchenfertig und verkaufen sie. Solange das Wetter mitspielt und kein Eis liegt, machen wir das bis in den tiefen Winter.

Warum gehört für dich die Fischerei zu Rügen?
Insgesamt gab es mal 1.200 Fischer in Mecklenburg-Vorpommern. Kaum vorstellbar, heute sind es nur noch 227. Aber früher hat man eben von der Fischerei und Landwirtschaft gelebt, da brauchte man nicht erst bis Thiessow, Gager, Lauterbach oder Sassnitz zu fahren, um einen Fischer zu treffen. Aber die Fischerei hat heute ein schlechtes Image. Angeblich fangen wir Vögel und Schweinswale — und natürlich auch Robben. Dabei ist das völliger Quatsch.

Wie kommst du über die Runden?
Ich habe das Glück, viele Händler und Gastronomen als Kunden zu haben. Aber auch Einheimische und Touristen können fangfrisch und küchenfertig direkt bei mir kaufen, ich putze die Fische direkt nach dem

Gut zu wissen:

Fischereibetrieb Thomas Koldevitz und Sohn, Am Hafen, 18586 Gager, Tel. +49 (0)170 2728138. Wer fangfrischen und küchenfertigen Fisch direkt vom Kutter kaufen möchte, findet an »Toms Hütte« am Hafen in Gager eine Tafel mit den täglichen Anlande-Zeiten. Anreise: Mit den Buslinien 20 und 24 bis Gager.

Anlanden für sie. Von Mai bis Juni ist Buntfischzeit, da gibt es Barsche, Hechte, Hornfisch und Steinbutt. Von Juni bis Oktober sind die Flundern dran, danach ist Dorschzeit. Alles in allem hoffe ich, dass ich meinen Betrieb noch an meinen Sohn übergeben kann. Er fischt jetzt schon mit mir. Doch über kurz oder lang wird die Passivfischerei, so wie wir sie betreiben, wohl aussterben. Das ist eine Schande, denn es ist die artengerechteste und tierfreundlichste Art, zu fischen. Wir wünschen uns, dass viele Besucher noch direkt bei uns Fisch kaufen, solange das noch geht.

Sehet und höret Klaus Störtebeker

von Linda Holfeld

RÜGEN

Interview mit Klaus Störtebeker (*um 1360, † 1401), der berühmt-berüchtigte Seeräuber auf Nord- und Ostsee gilt nicht nur auf der Insel Rügen als Piratenlegende.

Sie sind in Ruschvitz auf Rügen geboren und aufgewachsen. Wie haben Sie Ihre Kindheit und Jugend dort erlebt?

Mutter und Vater, geknechtet zu Ruschvitz, brave und ehrliche Leut', schufteten für die Herren des Gutshofes, wo meine eigene Geburt sich zutrug. Nur wenige Lenze alt, wurde auch ich gestellt in die Dienste der Herren. Erfahren musste ich Unrecht und Strafe als Entlohnung für die harten und schweren Mühen meiner Arbeit zu Hofe. Schwerer Missetaten zu unrecht beschuldigt sollte ich schreckliche Pein erleiden, so erschlug ich die Herren und floh zu Pferde.

Was hat Sie bewogen Seeräuber zu werden?

Auf der Flucht dem Tode nah, rettete mich der Goedeke Michels und nahm mich auf, die Besatzung seines Schiffes hatte einen guten Steuermann nötig und mir, aufgewachsen mit der See, wurde schnell die Ehr' seiner Freundschaft zuteil. Aufgelauert haben wir den reichen Pfeffersäcken der Hanse und uns des ungeheuren Reichtums bemächtigt, den diese sich frevelhaft zu eigen gemacht hatten. Zu gleichen Teilen bekam die Mannschaft ihren Lohn, bekannt waren wir als die Likedeeler. Des Hungers und der Leiden des Volkes an Lande gewahr, bekamen auch sie ihren gerechten Teil. Im Kriege zur See gegen das Reich Dänemark verdienten wir uns als Vitalienbrüder und versorgten unser Volk in der Not. Gegen das Unrecht der Mächtigen haben wir dem einfachen Volke nie etwas Böses zuteil werden lassen, auch wenn des Seeräubers Leben ein feines nicht war.

► **Gut zu wissen:**

Aus den vielen Sagen und Geschichten, die sich um den berühmten Seeräuber ranken, ist auch dieses Interview entstanden. Die Abenteuer des Piraten gibt es jedes Jahr als Störtebeker Festspiele auf der Naturbühne Ralswiek, Am Bodden 100, 18528 Ralswiek, Tel. +49 (0)3838 311000, www.stoertebeker.de.

Es sollen ja noch einige Ihrer Schätze auf der Insel Rügen versteckt sein, die nie gefunden worden sind. Verraten Sie uns, wo die Schätze liegen?

Höhlen und Verstecke sind derer vieler auf den Inseln. Gehet und suchet in den Schluchten von Jasmund, in den Höhlen zu Stubbenkammer, in den Burgen und Wällen zu Ralow, am Hafen zu Ralswiek, auf Wittow, an den steilen Küsten Hiddensees im Nordwesten. Bei all euren unermesslichen Funden, gedenket dem Volke und verteilet gerecht.

8

Kind & Kegel

Übersicht Scoutbeiträge

Rügen und Hiddensee sind wunderbare Inseln für Familien mit den besten Zutaten für einen perfekten Urlaub: Das Meer mit den endlosen Stränden, märchenhafte Wälder, Wiesen und Felder bieten viel Raum für Kinder, um sich in der Natur auszutoben. Boot fahren, Steine sammeln, Tiere beobachten und baden, klettern, spielen zusammen mit Mama, Papa, Oma und Opa. Unsere Scouts zeigen dir einen magischen Hexenwald, nehmen dich mit auf eine Kräuterwanderung, klettern mit dir im Baumhausgarten und laden dich zu einem fröhlichen Familienessen ein. Auch die An- und Abreise auf die Inseln wird zum spannenden Erlebnis. Etwas ganz Besonderes an diesem Kapitel sind unsere JuniorScouts. Hier erzählen Kinder für Kinder von ihren Lieblingsplätzen, lustig, ehrlich und mit ihren ganz eigenen Worten.

Bild S. 145: Kreideküste Jasmund

Auf die Bäume im Hexenwald Semper

von Janet Lindemann

RÜGEN

Ihr liebt magische Geschichten? Dann wird euch der Hexenwald Semper sehr gefallen. Der befindet sich, wie es sich für einen Zauberwald gehört, gut versteckt in einem wildromantischen Waldgebiet. Eine Rhododendronallee führt euch zu ihm. Auf der linken Seite der Allee befinden sich die Kaskadenteiche mit der Liebesinsel. Hüter der Insel sind zwei mächtige Eichen. Eine hölzerne Brücke führt auf das kleine Eiland. Geht ihr zum Hochufer, dann haltet nach der Treppe am Kliff Ausschau. Folgt ihr den Stufen, gelangt ihr zu einem Naturstrand mit umgestürzten Bäumen und großen Steinen. Die kleinen Steine könnt ihr über den Großen Jasmunder Bodden hüpfen lassen. In den Sommermonaten seht ihr von hier aus das Feuerwerk der Störtebeker Festspiele.

Geht ihr den Waldweg auf der rechten Seite der Allee entlang, dann gelangt ihr in eine magische Welt. In der geheimnisvollen Wasserturmruine aus Feldsteinen könnte eine verwunschene Prinzessin auf ihre Erlösung warten. Sie thront auf der höchsten Stelle im Park. Farne, Gräser und Moos wachsen an den Mauern. Wer mutig genug ist, wirft einen Blick dahinter. Geht ihr an dem Turm vorbei, seht ihr das Schloss der Prinzessin. Zurück zum Waldweg und weiter geht es in nördliche Richtung. Wie dunkle Gestalten kommen die Buchen vom Hexenwald Semper auf der rechten Seite daher. Ein Baum hat die Gestalt einer Frau angenommen. Ihre langen Haare wachsen wild in alle Himmelrichtungen. Aus einem Baumstamm schaut ein Gesicht heraus. Ein Buchenpärchen schmiegt sich aneinander. Die Bäume hier haben bizarre Formen. Schlangenförmig sind ihre Astgebilde. Im Sommer sind sie von einer grünen Kuppel bedeckt. Schlüpft ihr hindurch, spürt ihr den Zauber des Hexenwaldes.

► Gut zu wissen:

Der Waldpark Semper liegt, aus Richtung Bergen kommend, links hinter dem Ortsausgang von 18528 Lietzow. Eindrucksvoll ist ein Besuch im Mai/Juni, wenn der Rhododendron blüht. Bei Nebel erscheint der Hexenwald besonders mystisch. Anreise: Mit der RB oder der Buslinie12 bis Lietzow, dann zu Fuß weiter.

8

Familienessen im Taun Hövt in Groß Zicker

von Linda Holfeld

RÜGEN

In der Silvesternacht hat bei uns jedes Familienmitglied einen Wunsch frei. Mein Sohn schaute in den Himmel und zögerte nicht einen Moment: »Ich wünsche mir, dass wir im Sommer mal wieder im »Taun Hövt« essen gehen.« Ich war verblüfft und musste lachen über das entschlossene Anliegen meines 5-jährigen, der in einer kalten Winternacht im Erzgebirge weit weg von der Insel, wieder nur sein Lieblingsrestaurant auf Rügen im Kopf hatte. Aber ein Besuch im »Taun Hövt« in Groß Zicker, bei ihm offenbar ein Herzenswunsch, erfüllen wir ihm nur zu gern.

Jedes Jahr im Sommer und meistens auch im Herbst macht die ganze Familie mindestens einen Ausflug nach Groß Zicker, einem wunderschönen Mönchguter Fischerdorf. Wir beginnen unseren Spaziergang immer an der alten Dorfkirche aus rotem Backstein, wandern dann durch das langgestreckte Örtchen und bewundern die schmucken reetgedeckten Häuschen mit den herausgeputzten Gärten davor. Herrliche Stockrosen in allen Farben blühen dort, Fischernetze trocknen in der Sonne und Katzen räkeln sich auf warmen Steinstufen vor den Häusern. Vor dem alten Pfarrwitwenhaus bleiben wir stehen und erzählen den Kindern, wie die Leute hier früher gelebt haben, wie es auch die Ausstellung in dem historischen Lehmfachwerkhaus zeigt.

Und endlich, das letzte Haus in Groß Zicker ist das »Taun Hövt«, ein Gehöft unter Reet, dahinter nur noch die Weite der Natur. Es ist nicht nur dieser wunderbare Blick aus den Strandkörben auf der großen Terrasse auf die Zickerschen Berge bis zum glitzernden Bodden, der uns immer wieder hierher kommen lässt. Die Kinder haben Platz zum toben und spielen und sind auch meistens sofort auf den umliegenden Wiesen oder dem schönen Holzspielplatz am Haus verschwunden. Der Service ist aufgeschlossen und freundlich, besonders wenn die Dame des

Gut zu wissen:

Boddenstraße 61, 18586 Groß Zicker, Tel. +49 (0)38308 5420, www.taun-hoevt.de. Anreise: Mit den Buslinien 20 und 24 bis Groß Zicker dann zu Fuß weiter.

Hauses, Alice Triphan, die Bestellung unserer großen Familien- und Freundesgruppen lächelnd und ohne sich etwas zu notieren entgegennimmt und sich bei allen Extrawünschen und Umbestellungen noch nicht einmal geirrt hat. Das Essen, hausgemacht und regional, schmeckt hervorragend, besonders der fangfrische Ostseefisch. Wenn wir dann schließlich den Sonnenuntergang lange genug bewundert haben und satt und glücklich auf dem Heimweg sind, zappelt mein Sohn schon an meiner Hand: »Mama, können wir bald mal wieder ins »Taun Hövt« gehen?«

Eine Kräuterwanderung für die ganze Familie

RÜGEN

von Gaia Born

Eigentlich sollte es eine ausgedehnte Kräuterwanderung werden, die wir mit Gabriele Wieczorek vereinbart haben. Die ganze Familie ist angetreten, in wetterfester Kleidung und warmen Schuhen. Aber wir kommen nicht weit. Müssen wir auch gar nicht, der Garten von Kräuterexpertin Gabi explodiert gerade in frühlingsfrischem Grün. Meine dreijährige Tochter liegt schon längst bäuchlings im saftigen Gras und pflückt Kräuter. Wie erstaunlich gut sie den Ausführungen von Kräuterexpertin Gabi zugehört hat, zeigt sich, als sie stolz ihre Beute vorlegt: Vogelmiere, Schafgarbe und Spitzwegerich werden heute Mittag unseren Salat verfeinern. Denn die zarten Blättchen der Schafgarbe sind im Frühling besonders saftig und reich an Vitaminen und Mineralien. Auch die Vogelmiere, die wir bisher nur als lästiges Unkraut kannten, landet zukünftig nicht mehr im Kompost, sondern in der Salatschüssel. Denn Vogelmiere enthält doppelt so viel Calcium, dreimal so viel Magnesium und Kalium, siebenmal so viel Eisen und bis zu achtmal so viel Vitamin A und C wie Kopfsalat.

Unglaublich, findet auch mein Mann. Eher zögerlich steckt er sich ein Blättchen in den Mund und findet nach den ersten, zaghaften Kauversuchen, dass es doch ganz gut schmeckt, ein bisschen wie Feldsalat. Mein Favorit wird der Gundermann. Den habe ich bei uns im Garten auch schon zwischen dem Gras wachsen sehen — aber nie wäre ich auf die Idee gekommen, dass er so aromatisch schmeckt, so wunderbar kräftig. Ich pflücke meditativ weiter, mein Mann sonnt sich mit einigen Alibi-Löwenzahnblättchen in der Hand und meine Tochter lässt sich derweil von Gabi noch die Vorzüge von Spitzwegerich erklären. Den kann man nämlich auf Wunden wie kleinere Schnitte legen. Meine Tochter prüft sich und uns schnell auf kleinere Verletzungen und schon haben wir überall Spitz-

► Gut zu wissen:

Kräuterschule kraut & mehr, Moordorf 5, 18569 Ummanz, Tel. +49 (0)38305 55227, www.kraeuterhof-ruegen.de. Kräuterexpertin Gabi Wieczorek bietet das ganze Jahr über Kräuterwanderungen und Führungen an, auch individuelle Vereinbarungen sind möglich. Anreise: Mit den Buslinien 40 und 41 bis Moordorf.

wegerichblätter. Ganz toll wirkt das Kraut auch bei Insektenstichen — wie gut, dass es dafür noch zu früh im Jahr ist.

Aber wie sich zeigen wird, hat Kräuterfrau Gabi Wieczorek etwas richtig gemacht. Denn auch ein halbes Jahr nach unserem Besuch in ihrem Garten erkennt meine Tochter zweifelsfrei Schafgarbe und Spitzwegerich. Und ich gehe öfter mal in den Garten hinunter und pflücke Vogelmiere und Gundermann für den Salat. Dann erinnere ich mich lächelnd an einen entspannten, lehrreichen Familientag auf der Frühlingswiese.

Natur, Abenteuer und ein Baumhausgarten in Suhrendorf auf Ummanz

von Janet Lindemann

RÜGEN

Auf der kleinen Insel Ummanz im stillen Westen Rügens wartet ein Abenteuerland auf euch, das an Pippi Langstrumpfs Südseereise ins Taka-Tuka-Land erinnert. Auf dieser besteht sie mit ihren Freunden wilde Abenteuer und rettet ihren Vater Kapitän Langstrumpf samt Mannschaft vor den Piraten. Auf Ummanz heißt das Ostseeabenteuerland mit Südseeatmosphäre Tiki-Tuka-Land. In dem kleinen Örtchen Suhrendorf am Schaproder Bodden könnt ihr euch wilde Schlachten auf einem Piratenschiff liefern, Kanonen auf einer Kugelbahn ins Rollen bringen oder durch den Baumhausgarten klettern. Wer möchte, testet seine Geschicklichkeit beim Bogenschießen und lümmelt sich anschließend in eine der Hängematten. Das Tiki-Tuka-Land gehört zum Surfhostel Suhrendorf und befindet sich weit ab von Bäderarchitektur und Strandpromenaden. Ringsherum gibt es winzige Ortschaften, Felder und Wiesen, Wälder und einen Naturerlebnispfad sowie einen der beliebtesten Surfspots.

Wer länger bleiben möchte, kann auch in einem Baumhaus übernachten und den Klängen der Nacht in sechs Metern Höhe lauschen. Schaut ihr aus dem Fenster, seht ihr mit etwas Glück Kraniche auf dem Weg zu ihren Schlafplätzen oder den Sonnenball glutrot untertauchen. Dieses Naturschauspiel könnt ihr auch von der Baumhaus-Terrasse aus verfolgen — ganz bequem in Liegestühlen und Hängematten. Steigt euch der Duft von Pizza in die Nase, dann schaut unten im Baumhaus-Restaurant vorbei. Dort gibt es Pizza aus dem Steinofen und frisch zubereitete Salate. An der Südseebar werden leckere Cocktails serviert. Legendär sind die Musikabende mit angesagten Künstlern und DJs aus aller Welt. In einer Scheune mit Chill-Lounge könnt ihr mit Freunden bis zum nächsten Sonnenaufgang Feiern und Tanzen. Kommt mit uns ins Abenteuerland.

Gut zu wissen:

Rügen Surfhostel, Suhrendorf 8, 18569 Suhrendorf, Tel. +49 (0)38305 55018, www.ruegen-surfhostel.de, Öffnungszeiten: Von April bis Oktober, in der Nebensaison lieber vorher telefonisch nachfragen. Anreise: Mit der Buslinie 38 bis Waase und zu Fuß weiter in Richtung Suhrendorf.

8

Mein Lieblingsort — der Park Putbus

von JuniorScout Emma, 10 Jahre

RÜGEN

Putbus ist eine Stadt auf Rügen. Die Häuser hier sind ganz besonders. Sie sind weiß und vor den Fenstern wachsen Rosen. Einige Häuser stehen sogar im Kreis. Circus nennt sich dieser runde Platz. In dem Haus mit der Nummer 13 hat mein Opa mit seiner Familie früher gewohnt. Von seinem Kinderzimmerfenster aus konnte er bis zur Insel Vilm schauen. Hinfahren konnte er nicht. Denn als er Kind war, durfte die Insel nicht betreten werden, weil hier Minister der DDR Urlaub gemacht haben.

Ganz besonders gerne bin ich im Putbusser Park. Der wurde, wie die ganze Stadt, von einem Fürsten angelegt. Da gibt es zum Beispiel uralte und ganz seltene Bäume, eine Kirche, die Orangerie, den Marstall, ein Puppen- und Spielzeugmuseum, eine Gaststätte und einen großen See. Der heißt Schwanensee, weil man dort Schwäne und Enten sehen kann. Sogar ein großes Schloss gab es hier mal. Von dem sieht man aber heute nur noch die Pergola am Teich. Das sind die hohen, verschnörkelten Säulen an der Treppe. In einem großen Gehege in der Nähe vom Schwanenteich leben Hirsche und Rehe. Man kann sie füttern. Sie sind sehr zutraulich. Einmal war ich mit meinem kleinen Bruder dort, um die Tiere zu füttern. Zuerst hatte er Angst, denn ein Hirsch hat sein Maul durch die Gitterstäbe gesteckt und mit der Zunge nach ihm geschleckt. Er hat bestimmt das Brot in seiner Hand gesehen. Ich habe so gelacht. Zum Schluss fand mein Bruder es auch lustig. Der Hirsch hat das Brot ganz schnell weggeschlabbert und die Tüte war schnell leer. Wir sind dann noch ein bisschen spazieren gegangen.

Am liebsten fahren wir mit dem Rasenden Roland, einer kleinen Bahn, nach Putbus. Mein kleiner Bruder liebt besonders die Toilette, weil man unten die Schienen sehen kann. Die müsst ihr euch unbedingt mal ansehen. Vom Bahnhof zum Wildgehege kann man laufen.

► Gut zu wissen:

Kurverwaltung Putbus, Alleestr. 35, 18581 Putbus, Tel. +49 (0)38301 431, www.ruegen-putbus.de. Im Schlosspark finden auch Veranstaltungen statt, z. B. im Sommer das musikalische Picknick. Anreise: Mit der Schmalspurbahn Rasender Roland bis Putbus-Bahnhof oder der Buslinie 30 bis Putbus-Park.

8

Abenteuer auf dem Reiterhof

von JuniorScout Jonah, 5 Jahre

RÜGEN

Mein Pferd hieß Lieschen. Wir waren auf einem Reiterhof an der Ostsee. Ich konnte noch nicht reiten. Ich habe mein Pferd Lieschen zuerst gestriegelt. Ein Mädchen hat mir geholfen. Auf dem Reiterhof wohnten noch andere Pferde und Katzenbabys. Ein Katzenbaby hieß Sahnetörtchen, weil es so weiß und flauschig war. Das Katzenbaby saß immer auf der Schulter von meiner Lehrerin. Manchmal saß es auch hinten in der Kapuze. Mein Pferd war sehr schnell und ich bin sogar einmal im Trab geritten. Und mein Pferd hat einmal ausgetreten und dann bin ich runtergefallen. Ich habe mich erschrocken und mir ein bisschen wehgetan. Und dann bin ich trotzdem weiter geritten. Wir sind sogar auch Kurven geritten und ich stand auch einmal auf meinem Pferd. Das Mädchen ist immer neben mir hergerannt.

In den nächsten Ferien an der Ostsee, da waren wir auf einem anderen Reiterhof. Da hat es sehr doll gewittert und da sind wir in der Reithalle geritten. Ich und meine Schwester und unsere Cousine sind da mitgeritten. Mein Pferd hieß da Fähnchen. Es war braun und es war nur ein bisschen ein schnelles Pferd. Auf Fähnchen bin ich rückwärts geritten und wir haben Reiterspiele gemacht. Auch eine Lehrerin, ein Mädchen, ist neben mir hergelaufen und gerannt. Das Mädchen hatte rote Haare und war sehr nett zu mir. Diesmal bin ich nicht runtergefallen. Beim zweiten Mal konnte ich schon besser reiten. Es wackelt sehr doll beim Reiten. Ich mag, dass Pferde so gut riechen. Aber am meisten mag ich das Striegeln. Wenn ich das nächste Mal an der Ostsee bin, möchte ich wieder auf den Reiterhof gehen. Dann kann ich immer besser reiten lernen.

► Gut zu wissen:

Viervitz 3a, 18528 Zirkow, Tel. +49 (0)38393 14550, www.hof-viervitz.de. In Viervitz und auf Gut Boldevitz gibt es verschiedene Angebote wie Reitunterricht, Ausritte, Wanderreiten, Kutschfahrten, Reiterferien oder Tagesbetreuung für Kinder. Anreise: Mit den Buslinien 23 und 24 bis Zirkow.

8

Donnerkeile sammeln in Klein Zicker

von JuniorScout Nola, 8 Jahre

RÜGEN

Jede Sommerferien verbringen wir in Klein Zicker auf der Insel Rügen. Unsere Familie, das sind Mama, Papa, mein kleiner Bruder und ich. Wir sammeln jedes Jahr Donnerkeile auf Rügen. Donnerkeile sind eine Versteinerung und sehen bernsteinfarben aus. Manchmal sind sie sehr unterschiedlich. Sie können auch so grau oder braun sein. Es gibt ganz unterschiedliche Formen, zum Beispiel ganz kleine Stückchen mit einer Spitze, große Stücken ohne Spitze oder mit Spitze oder ganz winzige Stückchen. Sie liegen im Wasser und am Strand zwischen anderen Steinen und im Sand. Wir gehen immer an der Steilküste in Klein Zicker Donnerkeile sammeln. Meine Mama hat, als sie klein war, auch schon hier Donnerkeile gesammelt. Deswegen kennt sie sich hier gut aus.

Besonders viele finden wir, wenn es Sturm gab. Dann wurden viele Versteinerungen vom Wasser an den Strand geschwemmt. Mein kleiner Bruder sammelt auch mit Donnerkeile, aber manchmal sagt meine Mama zu ihm : »Hier riecht es nach Donnerkeil.« Und dann zeigt sie auf eine Stelle am Wasser und mein kleiner Bruder sucht den Donnerkeil und findet ihn auch. Und so habe ich es auch gelernt. Jetzt suche ich schon alleine und finde sehr viele. Manchmal findet mein Bruder auch Donnerkeile alleine. Am meisten Donnerkeile findet immer noch Mama, dann komme ich und dann mein kleiner Bruder. Manchmal wäre es besser, wenn Mama auch zu Papa sagt: »Guck mal, hier riecht es nach Donnerkeil.« Wir sammeln den ganzen Urlaub Donnerkeile und nehmen sie dann mit nach Hause. Dort füllen wir sie in ein großes Glas. Das ist schon ziemlich voll. Ich freue mich schon auf die Sommerferien, wenn wir unsere Runde an der Steilküste von Klein Zicker wieder laufen.

Gut zu wissen:

Klein Zicker ist ein kleines Fischerdorf auf einer Halbinsel ganz im Süden des Mönchguts. An der Steilküste kann man wunderbar nach Versteinerungen suchen. Anreise: Mit der 20 oder 24 bis Klein Zicker, im Ort befindet sich ein öffentlicher Parkplatz.

8

Mit der Rügenfähre von Glewitz nach Stahlbrode

von Karsten Neubert

RÜGEN

»Papa, fahren wir heute wieder über die Fähre?« Diese Frage höre ich heute schon zum gefühlt hundertsten Male, seit ich unsere Koffer aus der Ferienwohnung zum Auto bringe. Bei der Abreise von der Insel ist es bei uns inzwischen Familientradition, in Glewitz die Fähre ans Festland zu nehmen, eine wunderbare Alternative zu Rügendamm und Rügenbrücke. Zugegeben, die beiden Brücken sind sehr komfortable Lösungen, unser Urlaubsziel zu bereisen, aber eine Schifffahrt übers Wasser macht uns doch erst so richtig bewusst, dass Rügen wirklich eine Insel ist. Und so fahren wir in den Süden der Insel Richtung Glewitz, allerdings mit gemischten Gefühlen, ein bisschen traurig, dass der Urlaub zu Ende ist, aber auch voller Vorfreude nach Hause zu kommen und gespannt auf die Fahrt mit der Fähre, die vor allem die Kinder nutzen, der Insel »Auf Wiedersehen« und »Bis bald« zu sagen.

Am Fähranleger in Glewitz angekommen, kaufen wir unser Ticket und bekommen von der netten Dame am Kartenverkauf noch den Tipp, im Restaurant am Hafen in Stahlbrode Essen zu gehen. Nur eine Handvoll Autos warten heute am Pier. Wir fahren auf die Fähre und einige Autos und Radfahrer kommen noch nach uns. Sofort steigen wir aus, um ein letztes Mal für einige Zeit die Möwen zu hören und das Meer zu riechen. Die Schranken gehen runter, der Kapitän steigt eine schmale Treppe zur Brücke hinauf, das Schiffshorn tutet. Jetzt geht es los. Der Boden vibriert, als sich die Fähre in Bewegung setzt. Aufgeregt laufen die Kinder nach ganz hinten und sehen, wie sich die Insel entfernt. Ein paar Segelboote kreuzen die Fahrrinne und auf halber Strecke kommt uns die zweite Fähre entgegen. Wir winken den Fahrgästen auf dem anderen Schiff zu und viele winken zurück. Das Festland nähert sich und rasch verabschieden wir uns von Rügen und steigen wieder ins Auto. Die Fähre rumpelt

Gut zu wissen:

Glewitz, 18574 Garz,
Tel. +49 (0)3831 26810,
www.ruegen-faehre.de. Die Fähre von Glewitz auf Rügen nach Stahlbrode, südöstlich der Hansestadt Stralsund, überquert den 2 km breiten Strelasund und verkehrt von April bis Oktober täglich ab 6 Uhr im Pendelverkehr alle 20 bis 30 Minuten.

8

an den Kai und als die Schranke hochgeht befahren wir wieder festen Boden.

Viel zu schnell vergehen die wenigen Minuten der Überfahrt und um noch ein bisschen das Urlaubsgefühl zu wahren, folgen wir der Empfehlung der Kartenverkäuferin und besuchen das Restaurant direkt am Hafen Stahlbrode. Mit Blick aufs Wasser, die vorbeiziehenden Schiffe und am Horizont die Insel Rügen, lassen wir unseren Urlaub noch einmal Revue passieren und planen schon den nächsten Besuch.

Mit dem E-Bike gegen den Wind

ScottyScout Redaktion

Rügen gehört zu den beliebtesten Urlaubsregionen in Mecklenburg-Vorpommern. Da wundert es nicht, dass vor allem in der Hauptsaison von Juni bis August ein Verkehrschaos entsteht, denn für viele Besucher der Insel ist das Auto immer noch das Mittel der Wahl.

»Rügen ist eine große Insel — da muss man mobil sein. Und dann der Gegenwind…« Grund genug, den Blick auf mögliche Alternativen für die Mobilität vor Ort zu lenken. Will man sich nicht auf das gut ausgebaute Busnetz verlassen gibt es eine tolle Möglichkeit, geräuschlos und ohne Anstrengung dahin zu gleiten und die Klänge des Sommers in sich aufzusaugen, während der leichte Gegenwind den salzigen Duft des Meeres herüberpustet: Das Elektrofahrrad, auch Pedelec genannt. Überall auf der Insel gibt es Verleihstationen, viele Anbieter bringen die Räder auch direkt zum Hotel oder Ferienhaus.

Mit dem Elektrofahrrad bewegt man sich nicht nur umweltfreundlich und gleichzeitig ohne Anstrengung fort, sondern nimmt auch die Gerüche und Geräusche der Landschaft viel intensiver wahr. Egal ob steiler Hügel oder steife Brise von vorn — es bleibt immer genug Puste, die Schönheit der Insel mit allen Sinnen zu genießen. Und so hat man auch die Gelegenheit, autofreie Zonen wie Vitt, den Königsstuhl, Kap Arkona oder die Insel Hiddensee ausgiebig und stressfrei zu erkunden.

Gut zu wissen:

E-Bikes des Verleihers movelo, Verleihstationen auf der Webseite www.movelo.com. Pauli's Radshop, Hauptstraße 9a, 18609 Ostseebad Binz, Tel. +49 (0)38393 66924. Harm Zweirad, Hafenstr. 19b, 18546 Sassnitz, Tel. +49 (0)38392 35075. Weitere in der Übersicht zum Radverleih auf www.ruegen.de/aktivitaeten Auf Hiddensee hat jeder Fahrradverleih ca. 10 E-Bikes.

Fangfrisch aus der Nachbarschaft

ScottyScout Redaktion

Fruchtbare Äcker, Wiesen, Weiden, Wälder und das Meer sind die natürlichen Schatzkammern der Inseln Rügen und Hiddensee. Die vielfältige Natur liefert frische Zutaten für ein reiches Angebot inseltypischer Spezialitäten. Und diese werden von regionalen Erzeugern direkt verkauft, ohne lange Wege — ein wichtiger Teil der regionalen Wertschöpfung auf den Inseln. So bekommt man den Fisch fangfrisch vom Kutter, gewürzt mit einer Prise Seemannsgarn. Herzhafte Lammsalami gibt es vom Schäfer, Saft von den Streuobstwiesen, selbstgebackenes Landbrot vom Bauern, dazu ein Sanddornschnäpschen aus der eigenen Brennerei. Überall auf den Inseln werden die regionalen Produkte verkauft, in Hofläden, kleinen Läden und Cafés oder auf den bunten Wochenmärkten. Nicht nur Obst, Gemüse, Käse, Fleisch und Fisch gehören zu den Spezialitäten auf Rügen und Hiddensee, ebenso sind die Inseln für die berühmte Heilkreide und die verschiedenen Sanddornprodukte bekannt. Auch das traditionelle Kunsthandwerk gehört zum Inselleben, allerhand Töpferwaren werden angeboten, es wird gewebt, genäht, gestrickt und gefilzt, Kunstwerke entstehen aus Holz, Stein und Papier. Die Vielfalt reicht von traditionell bis erlesen, von deftig bis fein, ganz nach dem persönlichen Geschmack. Was gibt es also Schöneres auf einem Ausflug als eine gemütliche Einkehr in eines dieser kleinen Cafés, in einen Garten oder auf einen idyllischen Hof?

Gut zu wissen:

Regionale Produkte gibt es u. a. auf dem »Grünen Markt«, Marktzeiten: Von Mai bis Oktober jeden Samstag 10 bis 16 Uhr im Museumshof, Karl-Marx-Str. 19, 18569 Gingst. Regionale Kunsthandwerker präsentieren sich außerdem nach Materialien geordnet und auf einer interaktiven Karte: www.ruegen.kunst-handwerk.info

Wir glauben an gute Texte und Inhalte. Wir wissen, dass du dort, irgendwo innerhalb oder außerhalb des »Netzes« gute Texte schreibst. In deinem Blog, an deinem Computer, vielleicht auch auf der guten alten Schreibmaschine auf Papier. Vielleicht sind deine Texte auch noch gar nicht von dir aufgeschrieben. Über Orte und Städte, die du immer wieder aufsuchst. Über Begegnungen, die dich beeindruckt haben. Über Entdeckungen entlang deiner Wege. Über Strecken, die du mit dem Rad erfahren oder zu Fuß erwandert hast.

Deshalb suchen wir dich!

Willst du bei ScottyScout als Scout mitwirken?

Du stellst ScottyScout deine Texte und Bilder zur Nutzung in den Print- und Online-Reiseführern, in den PDF's, E-Books und sonstigen Kanälen der Verbreitung zur Verfügung. Gerne auch als Zweitverwertung. Wir redigieren und layouten die Beiträge und beteiligen dich entsprechend deinen Textanteilen an den Erlösen. Erfahrungen mit Online-Texten und Online-Journalismus sind hilfreich, aber keine Voraussetzung.

An jedem Reiseführer ist eine ausgewählte und limitierte Anzahl von Scouts beteiligt. So garantieren wir die Qualität und die Einmaligkeit unserer Reiseführer.

Haben wir dein Interesse geweckt? Dann nimmt Kontakt mit uns auf — auch wenn du deine Region oder Stadt noch nicht online auf unserer Webseite gefunden hast.

Telefon:
+49 (0)33439 15 19 32
E-Mail:
scout@scottyscout.com

Bildnachweis

Die Fotos stammen weitgehend von den jeweiligen Autorinnen und Autoren oder dem Verlag. Fotos für die dies nicht der Fall ist: Ralf Eppinger (Vilm, Schloss Putbus, Seejungfrau) , S. 30, 42, 96; Linda Holfeld (Zudar) S. 24; Uwe Horn (Wassersport) S. 138; Janet Lindemann (Schwarzer See, Eisschollen, Müther, Nachhaltigkeit) S. 32, 92, 134, 165; Karsten Neubert (Café Klatsch, Kreidefelsen) S. 74, 82; Rico Nestmann (Robben) S. 94; Christian Roedel (CIRCUS EINS), S. 106; Paetrick Schmidt (La Grange), S. 102; Kristina Steiner (Gustow) S. 124;